KB141789

은퇴하면
뭐먹고
살래

은퇴하면 뭐 먹고 살래

유상오 지음

나무와숲

은퇴하는
직장인들을 위한 송사

한국의 중년은 평생 가족과 회사와 나라를 위해 일해 왔다고 해도 과언이 아니다. 오로지 일밖에 모른다. 쥐꼬리만한 월급에서 세금을 먼저 떼고 난 돈으로 자식들 교육비 내고 부모님 용돈 드리고, 그 나머지로 아등바등 생활한다. 그렇게 죽도록 일만 하다가 어느 날 갑자기 과로사하는 사람도 많다. 그 숫자가 지구상에서 가장 많다고 하니 이 얼마나 비극인가.

무엇 때문에 일을 하는가? 가족을 위해서 한다. 가족이 죽도록 일하라고 하는가? 아니다. 세계 최장의 노동시간에 '회식과 상하 관계'라는 독특한 집단주의 문화에서 살아남으려 기쓰고 일하다 보니 과로사하는 것이다. 이는 어쩌면 당연한 결과인지도 모른다.

직장인들은 누구나 일에서 해방되고 싶어한다. 하지만 조기은퇴나 명예퇴직 이야기만 나오면 얼른 뒤로 숨는다. 일에서는 해방되고 싶지만 은퇴는 꺼리는 것이 슬픈 현실이다. 이들에게 은퇴는 실제보다 훨씬 더 두려운 문제로 다가온다.

왜일까. 한마디로 은퇴 준비를 전혀 못했기 때문이다. 하지만 안타깝게도 그것은 이유가 못 된다. 대부분의 사람들은 '자신이 바보처럼 살아왔다'는 것을 명확하게 입증하고 직장에서 물러난다.

지금까지는 그렇게 살아왔다고 하더라도 앞으로는 어떻게 할 것인가. 길게는 40~50년이라는 절반 가까운 인생이 남아 있다. 남은 인생이라도 여유를 가지고 즐겁고 품위 있게 살아야 하지 않을까. 과거에 무슨 일을 했는가는 그다지 중요하지 않다. 은퇴 후 인생을 충실하고 즐겁게 살려면 자신이 좋아하고 잘하는 일을 선택하는 것이 중요하다. 그러기 위해서는 시간과 에너지를 투자해야 한다.

은퇴는 또 하나의 삶의 이정표다. 마음을 비우고 진솔하게 은퇴를 맞는다면 은퇴는 좌절이 아니라 새로운 삶을 의미하는 축복의 나침반이 될 것이다.

은퇴 후 삶을 행복으로 이끄는 가치

첫째, 가족. 가족은 은퇴 후에도 늘 자신의 버팀목이 되어 주는 존재다.

둘째, 건강. 건강을 위해 즐길 수 있는 놀이나 운동이 있어야 한다.

셋째, 취미. 창조성을 발휘할 수 있는 전문 취미 활동이 필요하다.

넷째, 친구. 직장 동료들을 대신할 수 있는 새로운 만남을 만들어야 한다.

다섯째, 공부. 사회성을 키우며 더불어 살려면 평생 학습을 해야 한다.

여섯째, 일. 소일과 취미, 봉사와 건강관리 차원에서 좋아하는 일을 한다.

일곱째, 돈. 적당한 돈은 삶의 윤활유 역할을 할 수 있다.

여덟째, 봉사. 마지막으로 자신의 능력과 재능을 사회에 환원한다.

해가 뜨고 해가 지는 상황을 바꾸기 위하여 시계를 되돌릴 수는 없다. 은퇴는 받아들이고 싶지 않아도 받아들여야 한다. 은퇴를 막기 위해 새로운 시도를 하지는 말자. 아무리 물줄기를 돌리려 해도 물은 위에서 아래로 흐르는 것이 자연의 이치다. 또 물은 차면 반드시 넘친다. 돈 몇 푼을 더 모으거나 은퇴를 몇 년 늦춘다고 해서 준비될 것이라는 생각은 하지 않는 게 좋다.

인생이라는 캠퍼스에 수채화를 그린다고 생각하자. 5분의 3만 그리고 나머지를 그리지 않는다면 어떻게 될까. 마무리를 하지 않은 그림이 과연 근사할까. 한 번뿐인 인생의 후반기도 계획하기에 따라서 알차고 보람된 시간으로 만들 수 있다. 은퇴 후 가신 돈이 없다 해도 인생을 즐겁게 보낼 수 있는 방법은 많다. 생활조건을 탓하거나 상황을 억지로 바꾸려 하지 말고 마음부터 바꾸자.

2011년 2월
청계산 기슭에서

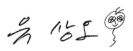

차
례

고령사회에 흔들리는 한국의 은퇴자

들어가는 말·4

은퇴 원년 2010·15
은퇴 준비는 빠를수록 좋다·18
은퇴 준비에 둔감한 한국인·21
빈곤의 나락으로 떨어지기 쉬운 은퇴자·24
세계 최고 수준의 노인 자살률·27

정부 통계에 보이지 않는 구멍 · 33

지난 10년간 노인정책의 변화 · 36

베이비붐 세대의 우울한 현주소 · 39

65세 이상의 고령자 일자리는 없다 · 42

일선에서 소리없이 쫓겨나고 있는 중고령자 · 45

베이비붐 세대 은퇴, 무엇이 문제인가 · 47

평균수명 90~100세까지 살려면 돈이 얼마나 필요할까 · 52

3명 중 1명은 국민연금 사각지대 · 56

은퇴 생활을 건강하고 여유있게 하려면 · 59

적정한 노후생활자금은 얼마일까 · 62

노후자금 당장 준비하기 시작하자 · 65

노후자금 준비에 적절한 금융상품은? · 68

노후자금은 어떻게 운용하는 것이 안전한가 · 71

시골 생활비 한 달에 얼마 드나 · 73

한국에서의 은퇴 준비 2부

3층보장시대의 대한민국 · 77

4층보장시대를 넘어 5층보장시대로 · 80

제3의 인생기에는 어떻게 일해야 할까 · 83

단계적 은퇴를 하라 · 87

좋아하는 분야의 재취업에 도전하라 · 91

창업에 도전하라 · 94

부업을 활용하라 · 101

살기 위해 새로운 일을 시작한다 3부

4부 노후자금을 모으는 것이 은퇴 준비의 전부는 아니다

은퇴를 어떻게 받아들일 것인가 • 107

무엇이 행복한 은퇴에 이르는 길인가 • 110

새로운 행복을 찾아 떠나는 여행, 은퇴 • 114

은퇴 후 '돈!' 어떻게 바라보아야 하나 • 120

돈이 은퇴 준비의 전부가 아니다 • 125

풍요로운 은퇴는 젊은 시절의 결심에 달렸다 • 128

언제 어떻게 은퇴할 것인가 • 134

5부 은퇴 후에는 이런 집에서 살고 싶다

주거문화가 달라진다 • 143

10년 후의 주택과 주거 문화 • 148

은퇴 후 어떤 집에서 살 것인가 • 151

그림 같은 전원주택에서 살기 • 154

도시에서 살기 • 159

현재 살고 있는 집 리모델링하기 • 163

자녀세대와 같이 살기 • 167

노인들의 꿈, 실버타운 • 170

귀농·귀촌한다면 어떤 지자체로 가야 하나 6부

지자체가 원하는 귀농·귀촌자 • 177
귀농·귀촌자 유치는 지자체 마케팅의 핵심 • 180
은퇴 귀농자가 알아야 할 농촌 비밀 몇 가지 • 183
은퇴자들과 지자체가 상생하는 길 • 187
지자체의 인구유치 정책 • 191
어떤 지자체를 선택할 것인가 • 195
미국 지자체의 은퇴자 유치 사례 • 198
'미국 은퇴자들의 천국' 사우스캐롤라이나 주 • 202
우리나라 지자체의 은퇴자 유치 마케팅 • 206
지자체의 반마케팅 • 210

은퇴하면 어디서 뭐 먹고 살래 7부

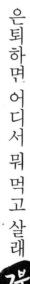

살기 좋은 곳에 가서 살자 • 215
시골에서의 생태적 삶 • 218
은퇴 후 생태적인 삶을 살려면 • 221
은퇴 후 뭐 먹고 살까 • 224
4척 하지 말자 • 232
도농교류 • 234

은퇴하면 살고 싶은 마을

8부

강원 화천 동촌리 · 239
전남 강진 월남리 · 244
충북 단양 한드미마을 · 248
경북 경주 다봉마을 · 253
강원 평창 수림대 마을 · 264

용어해설 · 272
참고문헌 · 274

1부

고령사회에 흔들리는 한국의 은퇴자

은퇴 원년
2010

2010년, 베이비붐 세대 맏형들의 은퇴가 본격적으로 시작됐다. 이들 대다수는 앞날이 불안하다. 앞서 은퇴한 선배들을 보더라도 은퇴 후 재취업하기란 하늘의 별 따기다. 결국 창업이라는 자활의 길을 찾지만 성공 확률은 높지 않다. 적은 돈으로 대한민국에서 살아남는다는 것은 결코 쉬운 일이 아니다.

베이비붐 세대는 한국전쟁이 끝난 1956년에서 1963년 사이에 태어난 712만 명을 가리킨다. 이들은 한국 경제가 본격적으로 성장하기 시작한 1970년대 후반과 1980년대에 사회로 진출했다. 이들 베이비붐 세대는 대량으로 고등교육을 받은 최초의 집단이다. 양질의 인적자원인 이들은 1997년 외환위기가 발생하기 얼마 전까지만 해도 우리나라 경제성장의 중추적 역할을 담당했다. 하지만 대량생산 대량소비의 산업화 시대가 종말을 고하면서 이들의 역할도 점차 줄어들고 있다. 특히 인터넷이 활성화된 2000년 이후, 베이비붐 세대는 지식정보와 디지털 세대의 주류에서 점차 멀어져 가고 있다. 대신 이들이 은퇴하고 난 자리에 그 다음 세대가 하나 둘 자리를 잡고 있다.

그런데 이들 베이비붐 세대가 직장인이 된 1980년대 이후에 부동산 붐, 증권 붐, 해외여행 붐, 자녀교육 붐 등이 불꽃처럼 일었다. 대량구매가 가능한 이들이 움직이면 한국 사회가 요동쳤다. 이들이 만든 최초의 상품이 다름 아닌 '아파트 구매'다. 분당·일산·평촌·산본·중동 등 5대 신도시가 이들의 수요를 충족시키기 위해 만들어졌다. 대량의 주택 구매는 주택 수요 증가를 가져와 부동산 거품을 유발했고 이는 다시 주식 열풍과 재테크 시장의 과열로 이어졌다.

한편 이들은 1986년 6월 민주항쟁 당시 이른바 '넥타이부대'로 군부독재와 권위에 맞서 싸우며 민주주의를 지키려고 했던 세대다. 또한 무역과 여행자유화로 글로벌 시대를 경험한 최초의 대중세대이며, 국제화 시대의 치열한 경쟁에서 살아남으려면 교육이 무엇보다 중요하다는 것을 깨달은 세대이기도 하다. 그 결과 아들딸의 고액 과외와 해외 유학을 주도해 사교육비를 증가시키고 기러기 세대를 만든 장본인이기도 하다.

베이비붐 세대의 가장 큰 특징이라면 과거 어느 세대보다 '짧은 근무와 긴 노후'를 보내야 한다는 것이다. 2011년 현재 48~56세에 걸쳐 있는 국내 베이비붐 세대는 조만간 은퇴를 맞게 되지만 늘어난 수명으로 인해 30년 이상 긴 노후 생활을 해야 한다. 국내 기업들의 실질 정년은 53세 안팎이라고 하지만 갈수록 은퇴 시기가 빨라지고 있기 때문이다.

언론의 예상대로라면 2010년부터 2018년까지 은퇴할 것으로 예상되는 베이비붐 세대는 총 712만 명이다. 그중에서 현재 직장에 다니고 있는 사람들은 311만 명 정도.

그런데 통계청 자료에 따르면 2007년 현재 45세 한국인의 기대여명은 33년, 50세는 28.6년이다. 그렇다면 45세 직장인의 경우 약 8년 후 은퇴해 25년가량 직장 없는 백수 생활을 해야 하는 셈이다.

우리나라 장수의 권위자인 서울대 노화고령사회연구소 박상철 교수는 "건강수명이 증가해야 하는데 평균수명 증가 속도를 건강수명이 따라가지 못한다"면서 "고령자들이 스스로 건강을 유지하기 위한 프로그램을 적극적으로 만들 것"을 권한다.

이제 누구도 비켜갈 수 없는 은퇴에 앞서 그 대비책은 무엇일까. 준비된 상태에서 은퇴를 맞는 사람이 과연 얼마나 될까. 아무 준비 없이 맞닥뜨리게 되는 사람은 한겨울 베짱이보다 더 큰 어려움을 맞을 수밖에 없다. 우리가 젊음을 바쳐 봉사한 만큼 국가나 사회가 우리에게 해줄 것이라고 기대할 수도 있겠지만, 현실적으로 그런 기대는 허망한 꿈이라는 걸 곧 알게 될 것이다.

은퇴 준비는 빠를수록 좋다

은퇴 후 자신의 모습을 한번 떠올려 보자. 과연 은퇴 후 생활은 평탄할 것인가. 잘사는 사람, 현상을 간신히 유지하는 사람, 더 가난해지는 사람……. 자신은 이 가운데 어느 그룹에 속하게 될 것인가. 중요한 것은 은퇴 준비를 언제부터 했느냐에 따라 은퇴 후 30~40년간의 인생이 달라진다는 것이다. 은퇴 준비는 빠를수록 좋다.

국민연금공단 산하 국민연금연구원이 지난 2007년 8월 발간한 「우리나라 중고령자의 경제생활 및 노후준비 실태」에 관한 보고서를 보기로 하자.

먼저 50대 이상 중고령자에게 "은퇴 후 최소생활비가 얼마가 있어야 하느냐"고 질문했더니 개인은 한 달 평균 78만 원, 부부는 117만 원이라

은퇴하면 뭐 먹고 살래

고 응답했다. 비교적 여유 있게 생활하기 위한 적정생활비로는 개인 113만 원, 부부는 171만 원이라고 답했다. 연령대별로 보면 50대는 한 달 최소생활비가 부부 기준으로 128만 원, 적정생활비는 185만 원이었고, 60대는 각각 111만 원과 160만 원, 70대 이상은 94만 원과 136만 원이었다. 개인 기준으로는 50대는 한 달 최소생활비가 84만 원, 적정생활비가 121만 원이었고, 60대는 각각 72만 원과 106만 원, 70대 이상은 63만 원과 91만 원이었다.

일반적으로 나이가 들수록 최소 및 적정생활비에 대한 기대치가 낮은 것으로 나타나는데, 이것은 실제 소득이 줄어든 데다 소비생활은 둔감해지기 때문인 것으로 분석된다. 특히 70세 이상 고령자는 적정생활비의 절반도 안 되는 소득으로 생활하고 있는 것으로 조사됐다. 적정생활비 대비 실제 소득의 비율을 보면 65~69세는 69.2%였으나 70~74세는 54.0%, 75~79세는 41.3%, 80세 이상은 28.7%로 나이가 들면서 점점 빈곤해진다는 것을 알 수 있다. 이같이 고령화되면서 경제력이 떨어지는 추세는 점점 더 심화될 것이다.

또 다른 보고서에 따르면 고령자들의 생활자금은 "자녀에게 전적으로 의존한다"가 19.9%였고, "국가 보조나 타인에게 의존한다"는 18.9%, "자신이 젊었을 때 준비한 노후자금으로 생활한다"가 7.5%를 차지했다.

이처럼 고령자들의 일반적인 특징은 은퇴나 건강악화 등으로 근로 및 사업소득이 빠르게 줄어든다는 것이다. 반면, 연금이나 정부 지원 등 사회보장급여와 자녀의 경제적 지원 등이 높아지고 사적 이전소득은 상대적으로 크게 늘지 않는다. 한마디로 소득은 점점 줄어들고 생활은 궁핍해진다.

현재 50세 이상의 중고령자는 노후 소득 보전 효과를 기대할 수 있는 국민연금 가입 기간이 평균 8.8년에 불과하다. 개인연금 가입 비율도 3~4%에 지나지 않아 노후 대책이 충분치 못한 것이 현실이다. 그렇다 보니 은퇴자들의 생활은 대부분 어렵고 고통스러울 수밖에 없다.

그렇다면 경제적으로 충분히 대비하지 못했더라도 보람되게 살 수 있는 다른 방법은 없는 것일까. 그 방법을 찾아야 남은 인생을 인간답게 살다 갈 수 있지 않을까.

은퇴 준비에 둔감한 한국인

우리나라 은퇴자들의 퇴직 후 연간소득은 은퇴 직전의 41% 수준에 지나지 않는다고 한다. 선진국 평균이 100이라면 우리나라는 41~47%로 매우 낮다. 이러한 결과는 미국이나 일본, 영국 등 선진국은 물론이고 홍콩·대만에도 미치지 못한다. 그만큼 우리나라 은퇴자들의 노후 준비가 미흡하다는 것을 알 수 있다.

이 같은 사실은 은퇴보험으로 유명한 '피델리티자산운용'이 지난 2009년 서울대 은퇴설계지원센터와 공동으로 2인 이상 근로자 가계를 대상으로 은퇴준비지수를 산출한 결과에서도 확연히 드러난다. 은퇴준비지수란 부부가 함께 기대수명까지 사는 것을 전제로 최근 5년간의 소비자물가상승률과 예·적금 금리, 채권 수익률, 그리고 대출 금리와 지난 15년간의 코스피지수 평균상승률을 적용한 수치다.

조사 결과, 근로자 가계의 퇴직 전 연간소득은 현재 가치로 환산할 경우 평균 4067만 원(60세 은퇴 기준)인 것으로 추정됐다. 은퇴 후 희망 소득은 은퇴 직전 소득의 62%(목표소득대체율)인 2529만 원이었으나 실제 예상되는 소득은 41%(은퇴소득대체율) 수준인 1667만 원에 불과했다. 이 같은 은퇴소득대체율은 미국(58%), 독일(56%), 영국(50%), 일본(47%), 홍콩(43%), 대만(43%)보다 낮은 수준이다.

서울대 소비자학과 최현자 교수는 "고령화사회 진입과 고용불안으로 은퇴 이후 생활이 중요해지고 있지만 은퇴 준비에 대한 인식은 크게 부족한 것으로 나타났다"고 말한다. 일본의 은퇴 전문가인 노지리 사토스 소장은 "일본은 고령화사회에서 고령사회로 진행하는 데 20년 이상 걸렸지만, 한국은 그보다 짧을 것으로 예상되는 만큼 한국민들도 서둘러 은퇴 준비를 해야 한다"고 지적한다.

또 다른 조사도 이와 비슷한 경향을 보여준다. 2009년 〈매일경제신문〉과 보험연구원이 공동으로 개발한 노후대비지표를 OECD 회원국을 대상으로 조사한 결과, 한국은 OECD 평균 100점을 기준으로 했을 때 47점에 그쳤다. 이것은 128점을 기록한 미국의 37%, 125점인 영국의 38%에 지나지 않는 수준이다. 일본과 비교해도 64% 수준에 머물렀다. 특히 소득대체율(연금소득을 은퇴 전 소득으로 나눈)은 42.1%밖에 되지 않았다. OECD 평균이 68.4%이고 주요 선진국들이 70%를 훌쩍 넘는다는 점을 감안하면 매우 심각한 수준이라 할 수 있다.

이처럼 은퇴 이후 많은 사람들이 급격한 경제적 빈곤의 나락으로 떨어지고 있다. 보험연구원 변혜원 연구위원은 "주요 선진국 은퇴자들이 보통 은퇴 전과 다름없는 수준의 생활을 즐기는 반면, 한국 은퇴자들은 은퇴 후 저소득층으로 추락하는 것으로 나타났다"고 말한다. 우리나라 66세 이상 고령 인구 가운데 저소득층 비율이 51%에 달한다는 사실이 이를 잘 말해 준다. 이것은 OECD 평균 30%와 비교해도 절대적으로 높은 수치다.

따라서 베이비붐 세대의 은퇴를 계기로 심각한 경제적·사회적 충격을 겪지 않기 위해서는 은퇴 후 대비책을 서둘러 마련해야 한다. 경제적 부담이 적으면서도 노후생활을 충실하게 할 수 있는 방안을 세워야 한다는 말이다. 개인 스스로 자신이나 부부의 노후 준비를 하지 않는다면 누가 해주겠는가. 물론 과거에 비해 많이 나아지긴 했지만, 우리는 지금까지도 가족주의·온정주의에서 벗어나지 못하고 있다. 이를 어떻게 탈피할 것인가를 진지하게 고민해야 한다.

국가도 이들의 노후 정착을 지원해 주는 시스템을 만들어야 한다. 생산적 노후복지 혹은 자립적 노후복지가 이뤄질 수 있도록 도와야 한다는 것이다. 손 놓고 단순히 개인의 자발성에 의지할 일이 아니다. 시기를 놓치면 고스란히 국가의 몫으로 돌아올 것이다.

그러기 위해서는 은퇴자가 일할 수 있을 때까지는 일을 할 수 있도록 도와야 한다. 생산적 복지 개념을 도입해 은퇴자가 일할 수 있는 여건을 만들고, 나머지 부족한 부분은 국가나 지자체가 도와주는 것이 바람직하다. 베이비붐 세대의 은퇴 충격은 금융위기 같은 일시적 충격이 아니다. 만약 노후 대비가 되어 있지 않다면 죽는 날까지 만성적인 고통에 시달릴 수밖에 없다. 개인과 국가, 지자체가 모두 상생할 수 있는 시스템을 만들어야 한다.

빈곤의 나락으로
떨어지기 쉬운 은퇴자

저출산고령화 사회를 맞아 사람들의 두려움이 갈수록 커지고 있다. 사실 대부분의 한국사람은 가족이라는 집단의 보호 속에 생활하다 보니 자생력이 그만큼 약해졌다. 또한 공적연금이 성숙기에 접어들었다고 하지만 아직도 개인의 노후대책으로는 미흡한 점이 많다. 은퇴소득대체율이 선진국 대비 41% 정도밖에 안 되는 상황에서는 노인 빈곤 문제가 뜨거운 감자일 수밖에 없다.

정부는 노인층의 기초생활을 보장하고 은퇴 이후 소득대체율이 급속히 떨어지는 것을 막기 위해 지난 2008년부터 기초노령연금을 지급하고 있다. 경제적 어려움을 겪는 노인들의 생활을 지원하겠다는 취지에서이다. 기초노령연금은 소득이 기초노령연금 선정 기준액 이하에 해당하는

은퇴하면 뭐 먹고 살래

약 60%의 노인에게만 지급되는데, 2010년에 약간 인상돼 한 달에 9만 원, 노인 부부의 경우는 20%가 감액돼 부부 합계 14만 4000원을 지급한다. 그러나 이는 최소한의 생활을 하는 데도 턱없이 부족한 금액이다.

따라서 현 노령세대의 뒤를 잇는 40·50대 장년층은 더 늦기 전에 준비를 해야 한다. 정부의 지원이나 가족의 도움에 기대기 앞서 각자의 노후를 위해 기본적으로 '공적연금+α(개인연금·개별 저축)'의 대비책을 마련해야 한다는 것이다. 개인연금을 들거나 저축을 해놓지 못한 은퇴자의 노후는 불행할 수밖에 없다.

국민연금연구원의 조사보고서에 따르면 2007년 시점의 공적연금 적용 대상이 되는 60세 미만 중고령자는 50.1%였다. 이는 곧 가입 대상자 두 명 중 한 명은 가입해 있지 않다는 말이다. 국민연금이 대다수 노인의 유일한 노후보장 대책인 셈인데, 두 명에 한 명은 어떤 이유에서든 혜택을 못 받는다는 것이다. 2010년 국민연금이 도입된 지 24년, 전 국민으로 확대돼 실시된 것은 12년 됐지만 현실은 크게 달라지지 않았다. 공적연금인 국민연금 가입자 수준이 이렇다 보니 사적연금인 개인연금 가입 현황은 말할 것도 없다.

개인연금에 가입한 사람은 3.9%인 것으로 조사되었는데, 이 가운데 공적연금에 동시 가입한 사람이 55%로 공적연금에 가입한 사람이 개인연금에도 가입했음을 알 수 있다. 노후대책에 관심이 많고 여력이 있는 소수의 그룹은 공적연금과 함께 사적연금에 동시에 가입해 노후보장을 꾀하고 있지만, 나머지 대다수는 어느 쪽에도 가입하지 않아 '노후보장의 사각지대'에 놓여 있는 셈이다.

이는 지난 2007년 보건사회연구원이 국민건강보험공단의 자료를 토대로 65세 이상 노인이 한 명이라도 포함된 417여만 가구를 전수조사한 결과에서도 여실히 드러난다. 65세 이상 노인 가구의 68%는 재산이나 소득이 있었지만 32%는 재산도 소득도 없이 불안한 노후를 맞고 있는 것으로 나타난 것이다. 이는 노인 세대 내부의 소득불평등이 사회 전반의 양극화 못지않게 심각한 문제라는 것을 보여준다.

이러한 노인 세대 내부의 소득격차 문제는 우리 사회 초고속성장의 부산물이기도 하다. 경제성장에 집착하는 동안 성장 주역 세대들의 노후 대책을 국가가 미처 제도권 안으로 끌어안지 못했기 때문이다. 국민연금제도가 뒤늦게 도입된 탓에 이들 노인 세대는 스스로 노후를 대비할 수밖에 없었다.

뼈빠지게 일해 자식들 키우고 가르쳐 시집장가 보내고 나니 어느덧 빈손으로 백발을 맞는 게 우리 사회 은퇴자나 노인들의 슬픈 자화상이다. 집 한 채라도 있고, 자녀가 번듯한 벌이라도 하는 사람들은 그래도 행복하다. 국민연금 사각지대에 있는 70세 이상 노인들의 경우 모아둔 재산도 없고, 벌이도 없다면 하루하루가 힘든 노후만을 '보장'받은 셈이다. 그들이 무려 100만 세대가 넘는다는 것이 우리 사회의 커다란 문제다.

세계 최고 수준의
노인 자살률

우리나라는 세계에서 가장 빠르게 고령사회가 되어 가고 있다. 이로 인해 노인 문제가 사회 문제가 된 지 이미 오래다. 스스로 목숨을 끊는 노인도 크게 늘고 있다. 부끄럽게도 세계 최고 수준이다. 2006년 경제협력개발기구(OECD) 회원국의 통계 자료(일부 국가는 「2004년 OECD 보고서」 참조)를 국내 통계청 자료와 비교 분석한 결과, 우리나라의 노인 자살률은 OECD 30개 회원국 가운데 가장 높은 것으로 나타났다. 2010년 현재까지 노인 자살률 1위 자리를 놓쳐 본 적이 없다.

질병관리본부가 2006년 8월부터 2007년 말까지 주요 병원 응급실에 실려온 자살 시도 손상 환자를 대상으로 추적 조사한 「응급실 손상 환자 표본심층조사」 결과에 따르면, 65세 이상 노인 자살 시도 이유 중 35.9%

가 질병이었다. 돈 없는 노인들이 자식들에게 부담 주기 싫고 제대로 된 치료를 받기도 어렵자, 차라리 죽음을 선택한 것이다.

60~64세 노인 인구 10만 명당 자살자 수는 1995년 17.4명에서 2005년 48.0명으로 증가했다. 65~69세 노인은 1995년 19.2명에서 2005년 62.6명으로 급증했다. 또 70~74세 노인은 24.8명에서 74.7명으로 크게 늘었다. 노인 자살률이 10년 전보다 2~3배 늘어났음을 알 수 있다. 이에 대해 질병관리본부는 "평균수명은 점점 증가하고 있지만 건강평균수명은 아직 OECD 평균에도 못 미친다"고 설명한다.

이처럼 건강하지 못한 노후 생활이 길어지면서 자살까지 생각하는 노인이 늘어나고 있는 것이 현실이다. 돈이 없어 치료비를 감당하지 못하자 자살을 택하는 불행한 현실이 G20 국가에서 벌어지고 있는 것이다.

한국보건사회연구원이 2010년 1월 11일 펴낸 「한국인의 사망 수준」이라는 보고서를 보면 지난 2008년에 자살한 사람들을 연령별로 분석한 내용이 나온다. 60세부터 자살률이 높아지기 시작해 80세 이상 노인이 가장 많아서 인구 10만 명당 112.9명으로 가장 높았고, 70~79세가 72명, 60~69세가 47.2명으로 뒤를 이었다. 증가 속도도 노인층이 빨랐다. 80세 이상 노인의 경우 1998년에는 자살한 사람이 10만 명당 50.8명이었으나 2008년에는 112.9명으로 10년 사이 122.2%나 증가했다. 70대는 77.3%, 60대는 40.9% 늘었다.

한편 보건복지부의 노인생활 실태조사에 따르면 조사 대상 노인(3278명) 중 자녀와 함께 사는 비율은 1998년 53.2%에서 2009년 43.5%로 줄었다. 2009년 서울 지역 노인 자살자를 조사한 결과 혼자 사는 노인의 자살률이 부인·자녀와 함께 사는 노인의 세 배에 이르렀다. 비공식적인 이야기지만 병원 관계자들 사이에서는 하루에 1000명이 자살을 시도한다는

은퇴하면 뭐 먹고 살래

말이 공공연하게 나돈다고 한다.

KBS-1TV 〈시사기획 쌈〉 제작진이 2009년 한 병원 응급실에 일주일 동안 머물며 실려온 환자들을 조사한 결과, 자살을 시도한 사람이 거의 하루에 한 명 꼴로 실려 왔다고 한다. 20·30대 젊은이들도 있지만 60대 이상 노인들도 많았다고 한다.

이제 노인의 자살은 더 이상 한 개인의 문제가 아니다. 국민의 생명을 보호해야 할 책임이 있는 국가가 나서야 한다. 보다 근본적인 대책이 마련되길 기대하지만, 그렇다고 모든 문제를 국가에 일임하고 있을 수만은 없다. 고령사회에 슬기롭게 대처하는 것은 국민 모두의 과제다.

되풀이해 강조하지만 노후 대책은 빠르면 빠를수록 좋다. 늙어서 아무도 도와주지 않아 스스로 목숨을 끊는다고 생각해 보라. 얼마나 서럽고 비참하겠는가. 지금부터라도 노후 대비책을 차근차근 세워 나가자.

2부

한국에서의 은퇴 준비

정부 통계에
보이지 않는 구멍

한국은 지난 2000년에 이미 고령화사회에 진입했지만, 당시는 밀레니엄이다 뭐다 해서 어수선했기 때문인지 사람들은 고령화사회에 대해서 그다지 관심이 없었다. 〈연합뉴스〉·〈한겨레〉 등 주요 언론에서도 '고령화'라는 단어는 크게 부각되지 못했다. 하지만 10년이 지난 2011년 현재 보건대, 2000년은 우리나라가 고령화사회로 진입한 중요한 전환점이었다. 그때부터 여러 가지 대비책을 세우고 실천해 나갔더라면 얼마나 좋았을까 하는 아쉬움이 남는다.

통계청은 2000년 7월 발표한 「세계 및 한국의 인구 현황」에서 처음으로 우리나라가 고령화사회로 진입했음을 알렸다. 2000년 7월 1일을 기점으로 65세 이상 노령인구가 337만 1000명으로 총 인구 4727만 5000명의 7.2%를 차지해 본격적인 '고령화사회'에 돌입했다고 보도자료를 낸 것이다.

또 가임여성 한 명이 평균 1.48명의 자녀를 출산해 선진국의 1.56명보다 낮은 출산율을 보였다고 밝혔다. 남한의 총 인구는 2010년에 5000만 명을 돌파할 것으로 전망했으며, 인구밀도는 여전히 세계 3위로 선진국의 22배, 아시아의 4배에 이를 것으로 예상했다. 2000년 당시의 노령인구 비중은 이탈리아가 18.2%로 가장 높았고, 우리나라는 싱가포르(7.2%)에 이어 세계 52위였다.

흥미로운 사실은 통계청이 2022년에는 노령인구가 14.3%를 기록해 고령사회로 진입하고 2030년에는 19.3%로 초고령사회로 진입할 것이란 전망을 냈다는 점이다. 그러나 이 통계는 6년도 못 되어 바뀌었다. 정부 입장에서도 인구 변화가 워낙 역동적이어서 예상치가 부정확할 수밖에 없었을 것이다. 2010년 10월 인구총조사에서 고령화 추계치 역시 기존 통계치를 수정할 수밖에 없었다. 아래 〈표 1〉을 보면 우리나라는 고령화사회에서 고령사회로, 고령사회에서 초고령사회로 도달하는 기점이 각각 2018년과 2026년으로 세계에서 가장 빠르게 고령사회로 되는 나라로 예상되고 있다.

〈표 1〉 65세 이상 인구 및 구성비

구분	1980	1990	1998	2000	2008	2010	2018	2026
총인구(만 명)	38,124	42,869	46,287	47,287	48,406	48,875	49,340	49,039
65세 이상(만 명)	1,456	2,195	3,069	3,395	5,061	5,357	7,075	10,218
구성비(%)	3.8	5.1	6.6	7.2	10.3	11.0	14.3	20.8

자료 : 통계청, 「장래 인구 추계」, 2006.

문제는 고령사회로 다가감에 따라 여러 가지 사회 문제가 나타나고 있는데, 우리 사회가 이를 해결할 능력이나 시스템이 부족하다는 것이다. 물

은퇴하면 뭐 먹고 살래

론 정부도 다각도로 노력하고 있지만 근본 대책을 세우지는 못하고 있다.

예를 들어 65세 이상 독거노인은 1985년 100명당 7명에서 1995년 13명, 2008년에는 18명으로 크게 늘어났다. 보건복지가족부에 따르면 독거노인 수는 2005년 78만 명, 2008년 93만 명에서 2010년 7월에는 104만 명을 넘었다고 한다. 이처럼 독거노인 세대는 매년 5만 세대씩 늘고 있다. 게다가 독거노인의 약 8%는 치매에 걸린 것으로 추정되고 있다.

독거노인은 소득과 재산이 거의 없으면서도 부양 능력을 가진 자녀가 있다는 이유로 기초생활보호대상자로 인정받지 못해 생계에 어려움을 겪는 경우가 많다. 경제협력개발기구(OECD)의 「한눈에 보는 연금 2009」 보고서에 따르면 한국 노인의 상대적 빈곤율은 45.1%로 OECD 회원국 중 가장 열악하다. 이런 심각성이 의미하는 것은 우리도 노후 준비를 하지 않으면 그렇게 될 수 있다는 점이다.

실제로 지난 2009년 6월에도 홀로 살던 노인이 숨진 지 5개월가량이 지나 발견되는 사건이 일어났다. 당시 〈연합뉴스〉에 따르면 A(80·여)씨가 청주시 홍덕구 자택에서 미라 상태에 가까운 시신으로 발견됐다. A씨의 집은 주택가에 있었지만 시신은 주변의 무관심 속에 5개월이나 방치됐다.

여기에는 사망 시점이 시신이 잘 부패하지 않는 겨울이란 점도 한몫했지만 A씨가 사회적 관심에서 소외돼 있었다는 점이 크게 작용했다. 위층에 살던 집주인은 경찰에게 "A씨가 평소 몸이 안 좋아 병원 출입이 잦았던 까닭에 장기간 입원한 줄 알고 한동안 별다른 의심을 안 했다"고 말했다. 게다가 A씨는 소득이 있는 아들이 있다는 이유로 기초생활수급자에서 제외된 후 지자체의 관리 없이 홀로 살아왔던 것으로 드러났다. A씨의 경우처럼 사회적으로 소외된 독거노인들은 건강상 이유로 이웃과 왕래마저 뜸한 경우가 많아 사고를 당하더라도 방치될 가능성이 높다.

지난 10년간
노인정책의 변화

앞서 말했듯이 우리나라는 지난 2000년에 노인 인구 비율 7%대의 고령화사회로 진입했다. 그러면 10여 년이 지난 2011년 현재, 노인정책은 어떻게 달라졌을까. 저출산과 함께 고령화 문제가 본격적으로 이슈가 되어야 했지만 우리 사회는 그렇지 못했다. 국내 최대 포털사이트 뉴스에 '고령화사회'라는 키워드를 넣고 2000년 1월부터 12월까지 검색한 결과 중앙 언론에 노출된 횟수는 고작 23회에 지나지 않았다.

물론 '저출산고령화' 문제가 대두되면서 지난 10년간 많은 변화가 있었다. 김대중 정부의 '생산적 복지'를 비롯해 참여정부의 '비전 2030'과 저출산고령화 사회 기본 계획인 '새로마지플랜'(영유아기 자녀 양육 지원에 5년간 10조 원 투자, 방과후 학교를 대폭 확대하여 사교육 부담 경감, 일-가정

은퇴하면 뭐 먹고 살래

양립을 위한 인프라와 제도 확충, 입양제도 획기적으로 개선, 2020년까지 OECD 평균 수준으로 출산율 회복 추진 등) 등 굵직한 정책들이 세워졌다.

또한 저출산고령사회기본법을 제정하여 국가적 차원에서의 대비책을 마련했다. 노인장기요양보험법과 기초노령연금법도 제정하여 시행하고 있다. 이에 따라 노인복지 예산은 2000년 2808억 원에서 2009년 6626억 원으로 200% 이상 증액되었고, 노인일자리사업과 기초노령연금 예산으로 각각 1166억 원과 2조 630억 원의 예산이 별도로 책정되었다.

또한 2006년에는 한국노인인력개발원이 설립되었으며, 시니어클럽도 생겨 시장형 노인 일자리를 개척하며 현재 81개 기관에서 활발히 활동하고 있다. 지난 2004년에 시작한 노인일자리사업으로 노인 일자리는 2만 5000개에서 차츰 늘어나 2009년에는 16만 개로 확대되었다. 노인요양시설도 많이 확충되었고, 요양보호사도 단기간에 수만 명을 양성했다. 노인종합복지관도 100개소 이상 건립되었으며, 각 지자체의 움직임도 활발하다. 광주광역시가 대규모 빛고을실버타운을 지난 2008년 오픈한 것을 비롯해 서울시는 '9988어르신프로젝트'의 일환으로 초대형 노인종합타운을 5대 권역별로 세울 계획이다. 이밖에 전국의 여러 지자체에서 노인 관련 시설 확대를 추진하고 있다. 정부도 노인복지를 책임지는 보건복지가족부는 물론이고 노동부·문화체육관광부 등 각 부처에서 각종 고령사회 관련 정책과 예산을 편성하고 있다.

10년 사이에 '노인복지'에서 '고령사회'로 범위가 확대되고 실로 많은 법과 제도, 예산, 시설, 사업들이 확대·발전해 왔음을 알 수 있다. 하지만 정부 정책의 사각지대에 있는 사람들이나 노후 준비가 제대로 되어 있지 못한 사람들에게는 빛 좋은 개살구가 아닐 수 없다. 정부의 정책이 모든 국민을 만족시켜 주지는 못하기 때문이다.

그렇다면 어떻게 해야 할까. 무엇보다 각 개인이 최대한 자신의 노후 준비를 할 수 있도록 사회 시스템을 만들어야 한다. 이를 위해서는 은퇴자에 대한 개념을 새로 정립하고 은퇴 시기를 늦출 필요가 있다. 또한 연 5%가 넘는 독거노인 증가와 치매노인 증가(독거노인의 약 8%), 요양시설 부족과 개인 비용 부담 증가에 대비해 지속적인 투자와 지원이 이뤄져야 한다. 고령사회에 대비한 인프라를 사전에 구축한다는 자세로 필요한 법과 제도를 마련하는 것은 물론, 시설을 확충해야 한다는 말이다.

노인 보호는 가족이나 국가 어느 한쪽의 책임이 아니라 사회 공동의 책임이다. 경제력 약화와 질병으로 인한 노인 자살률이 OECD 국가 중 최고라는 부끄러운 현실을 직시하면 더 이상 문제 해결을 미룰 수 없다. 은퇴자들이 존중받고 행복하게 생활할 수 있는 사회환경을 만들어야 한다. 은퇴자를 수혜 대상자로만 바라볼 것이 아니라 새로운 사회적 역할을 주는 것이 필요하다. 그들이 일하고 결과를 얻어 갈 수 있는 국가 시스템을 만들어야 한다는 것이다. 이를 위해서는 생산적 복지 혹은 자립적 복지 개념을 적용한, 시대에 맞는 정책이 나와야 한다. 은퇴자들이 국가와 사회의 중요한 인적자원으로 자리매김해야 한다는 말이다.

은퇴자들도 자신의 이익만 앞세워 무리한 요구를 하거나 변화를 거부하는 과거지향적 자세는 버려야 한다. 그러한 자세는 노인 사회의 발전을 가로막고, 세대간 불신을 가져올 수 있다. 또한 건전한 여가생활로 건강을 관리하는 것은 물론, 자립적이고 창의적인 사회참여로 행복한 노후를 만들고 힘찬 국가 건설에도 동참해야 한다.

 베이비붐 세대의
우울한 현주소

통계청이 2010년에 발표한 '2008~2009년 사회조사를 통해 본 베이비붐 세대의 특징'은 베이비부머들의 우울한 현주소다. 베이비부머들은 상대적 빈곤감에 시달린다. 이들 중에는 성장기의 어려운 경제사정 때문에 학업을 중도에 포기한 사람들이 적지 않다. 자신이 원하는 단계까지 교육을 받지 못했다고 생각하는 이들이 무려 64.2%에 달한다.

그래서인지 자녀교육만은 최선을 다해 시켜야 한다는 생각이 강하다. 자녀의 대학교육비 지원에 대해 베이비부머의 99.1%가 '지원해야 한다'고 대답해 전체 평균(98.6%)보다 높았다. 특이한 것은 베이비부머들의 90.0%가 '자녀 결혼 비용까지 지원해야 한다'고 답했다는 사실이다. 이런 수치는 선진국·후진국을 통틀어 가장 높은 것으로, 노후 준비와는 배치

되는 개념이다. 왜 자식들 대학 교육과 취업, 결혼까지 부모가 책임져야 하나.

위 조사 결과를 보건대 베이비붐 세대는 자신을 위해서는 별로 투자하지 않는 아가페형 인간이라고 할 수 있다. 부모와 자식을 부양하고 자식의 혼수와 결혼까지도 책임지려는 이타형 인간들인 것이다.

그래도 이번 통계가 앞선 통계들과 다른 점은 노후 준비를 하고 있다고 응답한 베이비부머가 80.0%에 이른다는 사실이다. 학력이 높을수록 노후 준비를 하고 있는 사람들이 많아 대졸은 10명 중 9명이 준비하고 있는 데 비해 초등학교 졸업 이하는 6명 꼴에 그쳤다. 노후 준비 방법으로는 국민연금이 38.5%로 가장 많았고, 다음으로 예금과 적금(24.3%), 사적연금(19.5%), 기타 공적연금(7.1%) 순이었다. 그리고 10명 중 7명이 향후 소득수준이 낮아질 것으로 생각하고 있었다.

하지만 노후 준비는 철저하지 못하다. 그에 따라 준비가 덜 돼 있는 상태로 노후를 맞이할 가능성이 높다. 이들의 미래는 독거노인의 미래를 보는 것과 같다. 준비가 안 된 노후는 불행할 가능성이 높다.

한국은행 금융경제연구원이 국내 45세 이상 은퇴자들을 대상으로 조사, 2009년 10월 발표한 「중·고령자의 은퇴 결정 요인 분석」이라는 보고서를 보면 은퇴 평균 연령은 57.0세인 것으로 나타났다. 그 가운데 남자의 평균 은퇴 연령은 59.5세로 여자(53.2세)에 비해 6세 이상 길었다. 상용직(비정규직) 여성 근로자는 49.4세로 50세에도 못 미쳤다. 또 대기업 종사자는 55세 이전에 은퇴하는 것으로 나타나 남자의 평균 은퇴 연령 59.5세보다 훨씬 빨랐다.

한편 은퇴 이후 1인당 월평균 소득은 50만 8000원에 불과했다. 이중 가족 등으로부터 받는 용돈이 18만 7000원(36.8%)으로 가장 많았고, 금융소득(11만 7000원), 공무원연금(11만 1000원) 등의 순이었다. 반면 국민연금(4만 원), 개인연금(7000원), 산재급여·실업급여 등 사회보장성 소득(3만 2000원)은 극히 미미한 수준이었다.

은퇴 사유를 보면 '여가시간을 갖기 위해', '은퇴해도 충분한 수입원 확보 가능' 등 자발적 은퇴는 12%에 그친 반면 '건강상 이유'(47%), '정년퇴직 및 다른 일자리를 구하기 힘들어서'(41%) 등 비자발적 은퇴가 88%나 되었다. 급속한 고령화와 중고령 근로자들의 은퇴 증가는 국가의 성장잠재력을 크게 약화시킬 뿐만 아니라 재정수지를 악화시키고 경제·사회 전반에 상당한 부담을 준다.

그렇다면 이들의 노후는 누가 책임질 것인가. 과거와 같이 자식에게 기대 살 수도 없다. 그렇다고 국가가 노후를 책임져 주는 것도 아니다. 은퇴자 스스로 자신의 노후를 대비하지 않는다면 이들의 앞날은 어두울 수밖에 없다.

65세 이상의 고령자 일자리는 없다

정부가 제공하는 고령자 일자리는 현재 65세 이상 노인들에게만 그 혜택이 돌아간다. 이에 반해 55~64세 은퇴자들은 스스로 일자리를 찾아야 한다. 정부는 이들 은퇴 후 중고령자들이 경쟁력이 있으므로 스스로 직업을 찾을 수 있다고 판단하는 것 같다.

고령자의 기준은 노인복지법의 경우 65세 이상, 국민연금법은 60세 이상, 고령자고용촉진법 시행령의 경우는 55세 이상으로 규정되어 있다. 법과 부처에 따라 노인이나 은퇴자에 대한 규정이 다름을 알 수 있다. 현재 정부는 〈표 2〉에서 보듯이 노인복지법에 따라 65세 이상 고령자에 한해 일자리를 지원하고 있다. 그러나 이러한 일자리도 자립형 일자리보다는 단기적이고 사회참여 중심의 소극적인 일자리가 대부분이다. 단순근로·

은퇴하면 뭐 먹고 살래

환경정비·거리청소 등 저소득층의 생활안정을 도와주는 것들로 개인의 능력과 소질을 발휘할 수 있는 일은 거의 없다.

게다가 55~64세 중고령자들의 일자리는 고령자고용촉진법의 55세 이상 노동자 3% 이상 고용 규정, 60세까지 정년 권고 조항 이외에는 없는 상황이다. 한마디로 고령 노동자들을 위해 정부가 줄 수 있는 혜택은 별로 없다는 말이다.

그런데 지난해 노동시장에 새로운 변화가 생겼다. 2010년 1월 한국전력 노조와 사측이 정년을 현행 58세에서 60세로 2년 연장하기로 한 것이다. 한전 노사는 정년연장과 동시에 7월부터 임금피크제를 도입, 시행하기로 했다. 2만 한전 직원의 정년연장은 공공부문에 정년연장 붐을 가져오고 민간기업에도 영향을 미치는 등 파장이 작지 않을 것으로 전망된다.

〈표 2〉 65세 이상 고령 은퇴자 일자리 사업 지원   (단위 : 백만 원, 개, %)

연도	총 예산액	일자리수	참여 자격	유형	지원 금액
2008	84,349	117,000	65세 이상 신체 가능한 자	• 공익형 • 교육형 • 복지형 • 시장형 • 인력파견형	공익 : 11만 원 파견인력형 : 10만 원 시장형 : 119만 원 창업모델형 : 1억 원
2009	116,631	160,000	65세 이상 노인 일자리 사업 참여 가능자	• 공공(공익·교육·복지) • 민간(인력파견, 시장, 창업모델)	공익 : 13만 원 파견인력형 : 15만 원 시장형 : 130만 원 창업모델형 : 　　　1억 5천만 원

자료 : 보건복지부·한국노인인력개발원, 「2009년 노인일자리사업 종합안내」, 2009.

55세 정년퇴직으로 인해 712만 명에 이르는 베이비붐 세대의 조기 은퇴가 본격화될 경우, 고령자 일자리 부족 현상은 더욱 심각해질 것으로 보인다. 그만큼 경쟁이 치열해지기 때문이다. 이 경쟁에서 고령자들은 100전100패하기 십상이다.

실제로 2009년 4월 서울의 한 구청에서 열린 취업박람회에서 노인 구직을 원하는 코너에 노인들이 길게 줄을 섰다. 자치구가 관내 취업상담과 함께 업체와 직접 연결해 준다는 좋은 취지를 갖고 열린 행사였다. 이에 부응하듯 노인들의 참여 열기도 뜨거웠다.

그러나 노인을 원하는 업체는 무가지 신문을 배포하는 회사 두 곳뿐이었다. 108명의 노인이 취업을 원했지만 이날 취업에 성공한 이는 단 한 명이었다. 구청 관계자는 노인종합사회복지관과 연계해 취업을 도와주려 했지만 이처럼 노인을 원하는 업체가 적은 것이 현실이다.

통계청이 매달 발표하는 연령별 경제활동인구 관련 통계에 따르면 60세 이상 노인 취업자는 약 240만 명이다. 모든 연령을 합친 총 취업자가 2322만 명이니 현재 직업을 갖고 일하는 인구의 약 10분의 1은 60세 이상 노인이라는 뜻이다. 그만큼 일하고자 하는 노인층의 열망은 크다.

그러나 이들을 받아줄 곳이 많지 않은 것이 현실이라 은퇴를 앞둔 사람들로서는 불안하기만 하다. 당장 먹고사는 것이야 그렇다지만 앞으로 20~30년 후에는 어떻게 해야 하나. 무엇을 해야 평생 일할 수 있고, 또 행복하게 살 수 있을까.

# 일선에서 소리없이
쫓겨나고 있는 중고령자

최근 고용 없는 성장이 이어지며 청년 실업은 물론, 40대 이상의 중고령
자 실업률도 크게 증가하고 있다. 2009년 5월 삼성경제연구소가 발표한
「실업위기의 뇌관, 중고령자 고용불안 대책」이란 연구보고서는 눈여겨
볼 만하다. 40대 이상의 실업난 실상과 대안을 소개한 이 보고서에 따르
면 2009년 2월 40·50대 중고령자 실업률은 2.5%를 기록했다.

언뜻 보기에 전체 실업률 3.9%에 비해서는 양호한 것 같지만, 이들이
우리 사회를 이끌어가는 중추 세력임에도 2008년 상반기 이후 실업자가
계속 증가 추세에 있다는 것은 심각한 문제가 아닐 수 없다. 한 예로, 2009
년 1월 40대 실업급여 신청자수 증가율은 전체 연령대 중 가장 높았다.
미국발 금융위기 영향이 있었겠지만 전년 같은 달 대비 48.7% 증가해 전

체 실업급여 신청자수 증가율(35.9%)을 13% 정도 웃돈 것이다.

중고령자는 이직률이 낮고 신뢰성이 높아 기술유지가 가능할 뿐만 아니라 오랜 경륜 덕분에 고객과의 커뮤니케이션 능력도 뛰어나다. 그럼에도 이들이 일선에서 소리 없이 쫓겨나고 있는 것이다.

이처럼 베이비붐 세대는 거대한 은퇴시장의 늪으로 빠져들고 있다. 글로벌 경기침체로 인한 기업 구조조정의 대상이 베이비붐 세대를 목표로 하는 55년생 이하로 맞추어질 경우 중고령자(55~64세)의 일자리 문제는 더욱 심각해질 것이다.

따라서 정부는 고용촉진법의 실효성을 높이기 위해 다양한 노력을 기울여야 한다. 실업급여를 실제 재취업하려는 사람들에게 선별해 주자는 의견도 만만치 않다. 적극적으로 구직 활동을 하고 직업훈련을 받는 실직자에게만 실업급여를 지급하고 재취업을 앞당길 수 있는 생산적인 실업 대책이 필요하다는 것이다.

이들 중고령자를 활용하기 위해서는 채용, 교육, 근무 형태, 직무디자인, 퇴직에 이르는 새로운 인적자원 관리 체제를 구축할 필요가 있다. 중고령자 자신도 고용비용 축소에 적극 동참하는 지혜로운 선택이 중요하다. 또한 자신의 시장가치를 높이려는 노력을 해야 한다. 능력에 걸맞지 않은 고용 보장이나 연공에 기초한 임금 인상은 더 이상 지속 불가능하다.

나아가 남은 인생을 행복하게 살기 위해서는 자신이 즐겁게 할 수 있는 일을 찾아야 한다. 설령 돈은 좀 안 되더라도 지속적으로 할 수 있는 일을 찾는 것이다. 그러기 위해서는 직장을 다닐 때 주말에 스스로 훈련을 할 필요가 있다. 스스로 노동강도를 조절하며 소득을 올릴 수 있는 일, 자신의 재능을 발휘해 재미있게 할 수 있는 일을 찾는 것이다. 앞으로 남은 인생, 덤으로 봉사하며 산다는 마음을 가지면 편안할 것이다.

베이비붐 세대 은퇴,
무엇이 문제인가

우리나라의 베이비붐 세대는 2010년 현재 약 712만 명으로 총 인구의 14.6%를 차지하는 거대한 인구 집단이다. 이들은 그동안 한국 사회에 큰 물결을 만들어 왔다. 초등학교에 입학할 시기엔 교실이 부족해 2부제 수업을 했으며, 결혼할 땐 소형 평수 아파트 붐을 일으켰고 핵가족화의 주역이었다. 마이카 붐과 중대형 아파트 붐, 그리고 사교육 열풍에 이르기까지 이 세대는 산업과 사회변화의 중심에 있었다. 출생자수·취업자수 등에서 다른 세대를 크게 웃도는 인구집단인 베이비붐 세대는 58년 개띠로 상징되는 세대이기도 하다. 뭔가 우연적 요소와 불운, 그리고 그것을 훌훌 털어 버리는 낭만과 정이 남아 있는 공동체 세대이기도 하다.

일본에도 우리나라 베이비붐 세대와 유사한 '단카이 세대'(1946~1949

년에 태어난 세대)가 있다. 680만 명 정도인 단카이 세대는 일본 총 인구의 5%를 차지한다. 한국의 14.6%에 비하면 3분의 1 수준이다.

미국도 1946년부터 1964년 사이에 태어난 베이비붐 세대가 있다. 종전과 함께 찾아온 풍요와 안정은 마치 공장에서 물건을 생산하듯 폭풍 같은 출산으로 거대한 베이비붐 세대를 탄생시켰다. 이 시기에 태어난 약 7700만 명이 바로 그들이다. 이때가 아마도 미국 역사상 가장 좋은 시대였는지도 모른다. 베트남전쟁이 일어나기 전 고도산업화와 백색가전의 시대, 풍요와 자유의 시대였다.

실제 베이비붐 세대는 미국 현대사에서 중요한 역할을 했다. 베이비붐 세대의 만형격인 빌 클린턴 전 대통령이 1946년 생이다. 그는 1992년 당시 불과 46세의 나이에 미국의 42대 대통령에 당선되었다. 그후 재선에 성공해 1997년 1월부터 2001년까지 43대 대통령을 역임했다. 베트남전쟁 반대 경력에 마리화나를 피웠고, 르윈스키 스캔들을 일으켰으며, 색소폰을 부는 젊은 대통령이었다. 클린턴의 뒤를 이은 부시 전 대통령도 1946년 생으로 그와 동갑이다. 뉴욕 쌍둥이빌딩 폭파 이후 '테러와의 전쟁'을 선언하며 강한 이미지를 남겼다. 베이비붐 세대의 만형격인 이들은 8년씩 도합 16년 동안 미국을 이끌었다.

이들 베이비붐 세대는 미국의 새로운 성장과 도약을 주도했다. 취학연령 때는 학교 시설이, 결혼 적령기에는 산부인과가 폭발 직전에 이르렀다. 취업할 무렵에는 고용시장을, 성년이 되어서는 주택시장과 주식시장을 완전히 장악했다.

이들은 미국 금융자산의 75%를 갖고 있고, 이들의 가처분소득은 미국 평균의 2.5배나 된다. 수만 많은 게 아니라 돈까지 많은 것이다. 이런 베이비붐 세대의 첫 주자가 2010년 64세로 시니어 시대에 진입했다. 이들은

은퇴하면 뭐 먹고 살래

일본이나 한국의 베이비붐 세대와는 달리 재력도 있고 여유도 있어 풍요를 즐길 줄 안다. 돈과 건강, 행복을 준비해 왔으니 당연한 일일 것이다.

<표 3> 한·미·일의 베이비붐 세대 규모

한국	일본	미국
• 1955~1963년 생 • 712만 명, 전체 인구의 14.6%(2010년 추계) • 1인당 평균 현금 자산 6천만 원 • 토지 보유 비중 42% • 건물 비중 58% • 주식 보유 비중 20%	• 1946~1949년 생 (단카이 세대) • 680만 명, 전체 인구의 5% • 1인당 금융자산 1868만 엔 • 총 퇴직금 약 50조 엔 • 주식 총 비중 7%	• 1946~1964년 생 • 7700만 명, 전체 인구의 30% • 1인당 평균자산 86만 달러 • 주식 보유 비중 30% • 금융자산 75% • 가처분소득 2.5배 • 클린턴·부시 1946년 생

자료 : 미래에셋 투자교육연구소

2009년 통계청 조사에 따르면 한국의 베이비붐 세대 712만 명 중 임금 근로자는 311만 명으로 약 43.7%. 이들이 2010년부터 2018년까지 9년에 걸쳐 은퇴하게 되는데, 이미 2005년부터 은퇴시장에 나온 이들도 있다. 공기업에 다니는 이들이야 58세 정년을 보장받지만 일반 사기업에 다니는 사람들이야 어디 55세까지 직장에 붙어 있을 수 있는가.

베이비붐 세대의 은퇴가 정부의 재정수지에 악영향을 미치리라는 것은 불을 보듯 뻔하다. 조세 부족으로 인한 정부 재정의 악화와 이에 따른 베이비붐 세대 이후 세대의 조세 부담 증가가 예상되기 때문이다.

<표 4>에서 보듯 2018년까지 9년 동안 베이비붐 세대 약 712만 명이 모두 은퇴한다고 가정할 때 같은 기간에 새롭게 진입하는 15세 이상 경제활동 가능 인구수는 약 547만 명이다. 이들의 신규 진입에도 불구하고 경제활동 가능 인구수가 165만 명 정도 줄어든다. 전문가들은 2009년 12월 시

점 산술 평균으로 본 1인당 조세부담액이 467만 원이라고 가정한다면 7조 7210억 원 정도의 세수 부족액이 발생한다고 주장한다.

하지만 베이비붐 세대의 소득이 최상층에 속하기 때문에 실제 조세 수입 부족분은 10조가 넘을 것으로 추정된다. 결국 우리 사회의 세수 부족은 경기를 후퇴시키고, 이것은 다시 조세 수입 감소로 이어지는 악순환이 초래될 것이다. 따라서 베이비붐 세대의 은퇴가 경기침체로 이어지지 않도록 대안을 마련해야 한다.

〈표 4〉 베이비붐 세대 은퇴로 인한 조세 부족액 규모

구 분	규모(2010년 기준)
은퇴하는 베이비붐 세대(1955~1963년 생) 수	7,125,347명
신규 유입 경제활동 생산가능 인구(1995~2003년 생) 수	5,472,018명
부족한 인구 수	1,653,539명
조세 부족액(부족한 인구수×2009년 기준 1인당 조세부담액 467만 원)	7,720,999,730천원

자료 : 통계청, 장래인구추계, 경제활동조사, 2009 ; 기획재정부, 2009년 국세 세입예산(안) 및 중기 국세 수입 전망.

한편 베이비붐 세대의 은퇴는 급속한 노동력 부족 현상으로 나타날 것이다. 지금도 제조업 분야의 숙련된 노동력을 대체할 수 있는 인력이 적어 외국인 노동자가 늘어나고 있는 현실임을 감안할 때 노동생산성과 기업 경쟁력 감소가 예상된다.

베이비붐 세대의 은퇴가 시작된 2010년부터 2018년까지 15~64세의 생산가능인구는 전체 인구의 72~73% 수준이다. 실질적인 은퇴가 시작되는 55~64세를 제외할 경우 한국의 생산가능인구는 57.8~62.6% 수준으로 떨어져 노동력 부족이 발생할 가능성이 높다. 단카이 세대 은퇴로 인해 숙련 노동자 부족 현상이 나타난 일본의 '2007년 문제'가 우리나라에서도 발생

할 가능성이 높다는 말이다.

게다가 한국의 베이비붐 세대는 노후 대비 보유 자산이 무척 적다. 일본이나 미국과 비교해 본다면 한숨이 나올 지경이다. 우리의 평균 금융자산이 6천만~7천만 원인 데 비해 일본은 약 2억 4천만 원, 미국은 약 7억 5천만 원이다. 정확한 환율을 계산하지 않더라도 일본은 4배, 미국은 10배가 넘는다. 물가가 일본이나 미국에 비해 떨어지지도 않으므로 은퇴 이후 시간이 흐를수록 일부는 취약 계층으로 전락할 가능성이 높다. 현재의 생활을 유지하려면 임금소득이 지속적으로 필요하지만 중고령자 일자리는 고임금인 데다 직장 구하기도 어렵기 때문이다. 베이비붐 세대는 과감하게 자신의 존재감(?)을 버려야 하는데, 체면과 동류의식이 중요한 한국 사회에서는 이것마저도 녹록치 않다.

평균수명 90~100세까지 살려면 돈이 얼마나 필요할까

오는 2050년에는 평균수명이 90~100세가 된다고 한다. 평균수명이 90~100세라고 하면 어떤 생각이 드는가? "장수할 수 있어 좋다"고 생각하는 사람이 있는가 하면 "그렇게까지 오래 살아서 뭐 하나. 빨리 죽어야지"라고 말하는 사람도 있을 것이다. 그러나 경제적으로 여유 있고, 어려운 일도 없고, 건강하게 살고 싶은 것은 아마도 공통된 감정일 것이다.

그렇다면 평균수명 100세 시대의 노후생활을 청춘처럼 할 수 있는 방법은 없는 것일까.

실제 일본인의 평균수명은 2007년 12월 기준으로 남성 79.2년, 여성 85.9년으로 세계 최고 수준이다(『헤세이 21년판 고령사회 백서』 참조). 이에 비해 우리나라는 2010년 현재 남성이 75.9세, 여성이 82.5세로 3~4년 적

은퇴하면 뭐 먹고 살래

어 세계 21위다. 일본은 약 45년 후인 2055년에는 남녀 모두 평균수명이 더 늘어나 남성 83.67년, 여성 90.34년이 될 전망이라고 한다. 평균수명이 자살·사고·암·심혈관계 질환 따위의 불치병으로 사망하는 사람들까지 포함한 수치인 것을 감안하면 실제로 많은 사람들은 100세까지 살 수 있다는 말이다.

하지만 오늘날을 살아가는 한국인에게 장수가 즐거운 일일 수만은 없다. 현재로서는 장수가 큰 부담이 될 수밖에 없다. 오래 살면 살수록 돈이 많이 들기 때문이다.

그렇다면 남은 생, 품위를 지키면서 살려면 어느 정도의 돈이 필요할까? 먼저 유명 보험사 혹은 은퇴 전문 금융사들의 주장을 들어 보기로 하자. 이들의 목표는 잘 알다시피 많은 돈을 유치해 잘 굴려서는 이익의 일부로 회사를 운영하고 나머지는 고객에게 돌려주는 것이다. 그렇게 하려면 일정부분 과장하고 위험요소를 부풀리는 광고를 하게 마련이다.

평균수명이 100세라고 가정하고 금리와 인플레이션 변화가 없다는 전제 아래 보험사들은 앞으로 얼마나 많은 돈이 노후생활에 들어가는지를 계산한다.

부부의 생활비를 한 달 200만 원, 남편의 사후 아내 생활비를 120만 원이라고 하자. 60세 정년부터 부부가 평균수명(2010년 기준으로 남성 75.9세, 여성 82.5세)까지 산다고 가정할 경우, 1930년 무렵에 출생한 노인들의 사망 시기는 2010년 안팎이다.

그렇다면 20년쯤 후에 태어난 1950년 생의 경우 노후에 필요한 생활비는 모두 얼마나 될까. 합계액을 계산하면 5억 5200만 원이 되는데, 이것은 어디까지나 평균수명을 전제로 한 계산이다. 따라서 그보다 더 오래 살 경우에도 대비할 수 있도록 노후설계와 노후자금 준비에 신경쓸 필요가 있다.

사례 1) 1950년대 출생 남녀

2030년대 한국인 _ 남성 80세, 여성 85세까지 생존할 것으로 가정해서 계산

200만 원×12개월×20년=4억 8000만 원……(1)

120만 원×12개월×5년= 7200만 원……(2)

(1)+(2) = 5억 5200만 원

사례 2) 1960년대 출생 남녀

2040년대 한국인 _ 남성 85세, 여성 90세까지 생존할 것으로 가정해서 계산

200만 원×12개월×25년=6억 원……(3)

120만 원×12개월×5년=7200만 원……(4)

(3)+(4) = 6억 7200만 원

사례 3) 1970년대 출생 남녀

2050년대 한국인 _ 남성 90세, 여성 95세까지 생존할 것으로 가정해서 계산

200만 원×12개월×30년=7억 2000만 원……(5)

120만 원×12개월×5년=7200만 원……(6)

(5)+(6) = 7억 9200만 원

사례 4) 1980년대 출생 남녀

2060년대 한국인 _ 남성 95세, 여성 100세까지 생존할 것으로 가징해서 계산

200만 원×12개월×35년=8억 4000만 원……⑺
120만 원×12개월×5년= 7200만 원……⑻
⑺＋⑻ = 9억 1200만 원

가정 : 60세 은퇴를 전제하고 물가상승률은 계산하지 않음.

3명 중 1명은 국민연금 사각지대

전문가들은 2040년 무렵이 되면 연금제도가 존망의 위기에 처할 것으로 예측한다. 그런 일이 일어나지 않도록 하기 위해서는 연금을 지금보다 많이 내고 적게 받아야 한다. 그리고 노후 대비가 충분치 못한 사람들은 되도록 오래 일을 해야 한다.

보험사들은 부부가 100세까지 살려면 대략 10억 원 이상이 필요하다고 말한다. 물론 그 돈을 모두 스스로 준비할 필요는 없다. 국민연금이나 공무원연금, 사학연금 등에 가입한 직장인들은 월급이나 보너스에서 이미 보험료를 내고 있기 때문이다. 따라서 우리가 마련해야 하는 노후자금은 10억 원에서 장래 받게 될 연금액을 공제한 금액이 된다. 맞벌이 부부라면 나중에 받을 수 있는 연금액이 의외로 많을 수 있다.

은퇴하면 뭐 먹고 살래

하지만 노후자금을 마련한다고 해서 행복한 노후가 보장되는 것은 아니다. 돈이 아니라 노후 계획을 세워야 한다는 말이다

물론 연금보험료 미납 등으로 최근 국민연금 자체가 불안한 면이 있는 것은 사실이다. 2008년 8월 기준으로 국민연금관리공단이 발표한 자료에 따르면 장기 미납자는 159만 4460명이고, 같은 해 3월 기준 납부예외자는 502만 7000명으로 전체 가입자의 27.6%에 이른다. 연금에서 제외되는 사람이 약 660만 명이라는 말이다. 이는 25세에서 49세까지 2008년 핵심 노동인구 2028만 명의 32.9%로, 3명 중 1명이 국민연금 사각지대에 놓여 있는 셈이다.

게다가 우리나라의 노령인구 부양 비율은 2050년이 되면 세계 최고 수준에 이를 전망이다. 이에 따라 인구 구조 변화에 따른 충격을 흡수할 수 있도록 정년을 연장하고 연금제도를 개선할 필요성이 제기되고 있다.

한국은행이 경제협력개발기구(OECD) 자료를 인용해 작성한 보고서에 따르면 우리나라 노령인구 부양 비율은 2000년 11.2%에서 2025년 34.1%, 2050년 65.6%로 급속히 높아질 것으로 전망된다. 이는 50년 만에 거의 6배 높아지는 것으로 2000년에는 노동가능인구(14~64세) 100명당 노령인구(65세 이상) 11.2명을 부양하면 됐으나, 2050년에는 100명이 65.6명을 부양해야 한다는 계산이 나온다. 노인들을 부양하기 위해 사회가 존재하는 모양새가 되는 것이다. 이는 OECD 국가 가운데 일본(67%)에 이어 두 번째로 높은 수치로 우리나라는 이탈리아(64.6%)와 함께 가장 높은 국가군에 속하게 된다.

반면 국가의 채무는 2002년 133조 원에서 2005년 248조 원, 2009년 365조 원으로 계속 늘어나고 있다. 익명의 정부 당국자의 말에 따르면 2010년에는 407조 원으로 연간 국내총생산(GDP)의 36.1%에 달할 것이

라고 한다. 국민 1인당 빚이 800만 원에 육박한다는 얘기다.

게다가 저출산고령화는 전 세계에서 가장 빠르게 진행되고 있다. 이에 따라 세금 낼 국민의 수가 줄어들어 개인이 부담해야 할 몫이 늘어나고 있다.

따라서 젊은 가임층 부부가 안심하고 아기를 낳을 수 있도록 제도적 지원책을 마련해야 한다. 또한 사교육비가 들지 않는 교육환경을 만들고 능력 있는 학생들이 대학까지 교육을 받을 수 있는 환경을 조성해야 한다. 그래야 출산율이 높아질 수 있다. 국가가 어느 정도 책임을 져야 한다는 말이다.

이와 더불어 일할 수 있는 노령층에게 일자리를 마련해 주는 것도 중요하다. 그래야 사회도 안정되고 세금도 많이 걷혀 경제가 윤택해진다. 지금과 같은 경제체제가 아니라 새로운 틀을 짜야 한다.

은퇴 생활을 건강하고 여유있게 하려면

앞으로 노년 가정은 스스로 꾸려 가야 한다. 그런데 준비는 되어 있는가?

통계청의 '2010 고령자 통계'에 따르면 지난 2009년 65세 이상 노인가구의 월평균 소득은 182만 6000원으로 전국 가구(344만 3000원)의 53% 수준에 불과한 반면, 월평균 보건비의 비중은 2배 이상 높은 것으로 나타났다. 소득 구성비는 이전소득이 33.1%로 가장 많았고, 근로소득(32.3%), 사업소득(24.9%)이 그 뒤를 이었다. 은퇴 후에도 여전히 일할 수 있고 일자리만 있다면 일한다는 것을 알 수 있다. 이 같은 추세는 앞으로도 계속될 것으로 보인다. 결국 국가가 책임져 주지 못한다면 살기 위해 개인이 직접 나설 수밖에 없다는 말이다.

한편 2009년 노인가구의 월평균 소비 지출은 122만 8000원이었다. 구성비를 보면 '식료품·비주류음료'가 21.9%로 가장 많고 '보건' 14.4%, '주거·수도·광열' 14.3%, '교통' 10.3% 순으로 나타났다. 식료품비 비중이 높고, 노인가구인 탓에 보건비 지출(14.4%)이 전국 가구(6.6%)에 비해 두 배 이상 높음을 알 수 있다.

한국보건사회연구원 보고서에 따르면 60세 이상 노년의 수입원은 장남의 보조를 받는 경우 50%, 다른 자녀의 보조를 받는 경우 30%, 스스로 벌어서 사는 경우 40%, 연금·은퇴금으로 사는 경우 약 10%(이중에는 이중 응답이 있음)라고 한다. 아직은 은퇴 후 생활비를 자녀에게 의존하는 경우가 많음을 알 수 있다. 그러나 앞으로는 이를 기대하기 어렵다.

또 노후자금을 모은다고 은퇴 계획을 다 세운 것도 아니다. 돈을 모아서 어디에 쓸 것인가를 생각해야 한다. 나아가 자신의 소질과 능력을 개발하여 노년을 행복하게 살 궁리를 해야 한다. 수전노처럼 돈만 모아 놓는다고 해결되는 것이 아니다. 돈이란 삶의 윤활유 역할만 할 수 있다면 충분하다.

은퇴 후 노인들의 생활신조는 크게 다음 세 가지로 집약된다.

첫째, 혼자 힘으로 움직일 수 있는 건강(health)이다. 다른 사람의 도움을 받아야만 이동할 수 있다는 것은 여간 곤혹스러운 일이 아니다. 인간이 스스로의 이동권을 가진다는 것은 자유를 누릴 수 있는 권리이자 의무이다.

둘째, 세상을 느긋하게 미소지으며 바라볼 수 있는 마음(mind)이다. 여유와 웃음이 없는 노년은 추할 수 있다. 젊은 애들도 아니고 각박하고 싸우는 듯한 분위기로는 노년이 슬겁지 않다. 스스로를 훈련해 다른 사람과 좋은 관계를 맺도록 한다.

셋째, 경제적 안정(money)이다. 경제적으로 여유가 있어야 다른 사람

은퇴하면 뭐 먹고 살래

들을 너그럽게 바라볼 수 있다. 꼭 돈을 많이 소유하라는 말은 아니다. 돈이 다른 소중한 가치를 지킬 수 있도록 해줄 정도는 만들라는 말이다.

은퇴 자금 마련에서 명심해야 할 것은 절대로 국가를 믿지 말라는 것이다. 인류 역사에서 노인들은 대부분 용도폐기 대상이었다. 단적인 예가 고려 시대에 늙고 병든 노인들을 산에 버렸던 고려장이다. 고대사회에서 생산력이 없는 노쇠자는 천대를 받았다. 이러한 풍습은 지리적·인종적으로 우리와 가까운 퉁구스족·몽골족·시베리아 여러 종족에도 있었다.

우려스러운 것은 앞으로 저출산고령화가 일반화되고 경제가 침체된다면 노인복지정책이 계속 줄어들 수 있다는 점이다. 미국은 2009년과 2010년 2년 연속 노인과 장애인에 대한 지원금을 동결했다. 이는 1975년 이후 새로운 노인복지 시스템이 마련된 이후 한 번도 없었던 일이다. 프랑스 역시 2011년 노인 관련 예산을 삭감했다. 세계 최고의 복지 시스템을 갖고 있는 나라에서 이러한 흐름이 나타난다는 것은 은퇴자들에게 결코 반가운 소식이 아니다.

은퇴 자금을 한꺼번에 마련하기란 사실 어렵다. 설령 오랜 기간에 걸쳐 필요 자금을 마련해도 인플레이션 때문에 돈의 가치가 떨어져 자금이 부족해질 수도 있다. 그러므로 여러 가지 방법으로 장기간에 걸쳐 자금을 마련하고 인플레이션에 대비해 연금을 들어 두는 것이 좋다.

더 중요한 것은 돈 중심의 사고에서 벗어나 취미·일·봉사·학습 등 다양한 삶의 가치를 소중히 여기고 이를 실현해 나가는 것이다.

적정한 노후생활자금은 얼마일까

한 금융기관이 조사한 결과, 은퇴 후 사람들이 원하는 생활자금은 현재 자기 소득의 50~60%라고 한다. 이 액수는 물론 직업과 거주 지역, 그리고 현재의 소득 수준에 따라 다른데 전문가들은 현재 소득의 60~70%를 생활비로 사용할 수 있도록 준비하라고 권한다.

그런데 한 보험사의 보고에 따르면 현재 60세 남자의 여명은 15년이고 여자의 여명은 24년이라고 한다. 남편과 사별한 후 아내가 홀로 살아야 할 기간이 9년 정도임을 알 수 있다.

그렇다면 은퇴 후 노후생활에 필요한 자금은 얼마나 있어야 할까. 은퇴 필요 자금은 은퇴 후 기대하는 생활수준·거주 지역 등에 따라 다르지만 노년 가정의 특성을 고려하여 다음과 같이 산정할 수 있다.

은퇴하면 뭐 먹고 살래

1) 기본적인 생활자금 : 노부부 생활비 + 남편 사망 후 생활비

노부부 생활 : 한 달 생활비×12개월×정년 후 기대여명

부인 생활비 : 한 달 생활비×12개월×남편 사망 후 기대여명

2) 의료비 및 긴급예비자금

  − 본인의 건강유지 및 예방과 치료를 위한 비용

  − 가족의 질병·사망에 따른 부대 비용

  − 불의의 사고시 불시의 지출 자금(3~6개월분 생활비 정도)

3) 부모님 봉양비와 자녀교육과 결혼 자금(미혼 자녀가 있는 경우)

4) 특별활동 및 여가를 위한 자금

  − 각종 경조사비

  − 교제와 취미활동(여행) 등을 위한 비용

5) 상속을 위한 자금(여유가 있을 때)

위 산출 방법에 따라 은퇴 후 생활자금을 산출하면 다음과 같다(2009년 근로자 가계 가구주 연령 65세 이상 월평균 소득 182만 원 기준).

• 부부 동거시 월 필요액 : 월 소득의 60%인 109만 원

• 아내 독신 생활시 필요액 : 월 소득의 40%인 73만 원

• 총 필요자금 = (109만 원×12개월×15년) + (73만 원×12개월×9년)

           = 2억 7504만 원

정년 은퇴 시점에 은퇴금을 포함해 기본 생활자금으로 3억 원 정도의 금융자산을 확보해 두어야 은퇴 후 어느 정도 안락한 생활을 할 수 있다는 것이 전문가의 지적이다.

하지만 이것은 건강하다는 전제 하에서의 이야기다. 대부분의 고령자는 본인이나 가족이 질병으로 인해 고통당하고 치료비가 상상을 초월할 정도로 많이 들어가는 일이 벌어질까 걱정한다.

따라서 부모님 봉양비는 부담해야겠지만 이러한 경우를 대비해 자식들의 결혼자금 등은 과감하게 줄이는 것이 좋다. 경조사비도 남들처럼 지출한다면 큰 부담이 될 수 있다. 허례허식이 아닌 자신의 성의를 표현하는 수준으로 낮추는 것이 요구된다.

노후자금 당장
준비하기 시작하자

'노후=은퇴 이후'라고 생각한다면 노후는 몇 살부터 시작되는 것일까? 55세 정년제가 정착된 것은 1980년대라고 할 수 있다. 이 무렵만 해도 남성의 평균수명은 70세 정도였으므로 정년 후 10~15년 살 수 있는 노후자금을 준비해 놓으면 되었다. 참 좋은 시절이었다. 퇴식금과 연금만으로 노후생활비를 충분히 조달할 수 있었던 것이다.

그러나 현재와 같이 평균수명이 80세에 도달한 시대에는 연금이나 퇴직금만으로는 20년이 넘는 노후생활비를 충당할 수가 없다. 은퇴 후 아무일도 하지 않고 지내다 보면 빈곤층으로 전락할 수도 있다. 따라서 70세 정도까지는 일해서 노후생활비를 마련할 필요가 있다. 예상수명이 90세라면 70~75세까지는 일해야 한다는 것이다.

70~75세까지 일하는 것이 꼭 능력이 없어서만은 아니다. 물론 되도록 오랜 기간 유유자적하며 보내고 싶은 것이 인지상정이다. 문제는 노후 기간을 어느 정도로 잡는가이다. 50세부터인가, 아니면 55세부터인가. 아니면 60, 65, 70, 75세부터인가. 언제 은퇴하느냐에 따라 노후생활에 필요한 돈이 다르다. 물론 돈이 많다면 오랫동안 여유 있는 노후생활을 즐길 수 있다.

그런데 우리나라 베이비부머들은 대체로 자녀교육과 주택마련이 끝난 뒤에나 노후자금을 준비하기 시작한다. 특히 4말5초(40대 말~50대 초반)에는 인생의 3대 지출, 즉 교육자금·주택자금·노후자금을 마련하느라 등이 휠 정도다. 하지만 50대에 가서야 노후자금을 마련하기 시작하는 것은 어찌 보면 바보와 같다.

이에 비해 미국의 베이비부머들은 20대에 결혼과 출산, 30대에 주택 구입, 40대에 교육자금, 50대에 노후자금 준비와 같이 시기별로 저축의 테마가 있어 그것을 하나씩 처리해 나가는 것으로 인생의 돈 문제를 비교적 용이하게 해결해 왔다.

하지만 우리나라 베이비붐 세대는 결혼을 늦게 하는 만혼의 영향을 받아 30대에 결혼·출산·주택 구입이라는 중대사가 집중되었고, 50대에는 교육자금에 대한 부담으로 저축을 제대로 하지 못하고 있는 것이 현실이다. 퇴직금도 주택 융자금을 갚느라 노후자금으로 다 돌릴 수 없는 경우가 허다하다.

이처럼 퇴직 시기가 늦추어지지 않는 상황에서 아이들 교육시키고 주택 마련하고 노후자금까지 마련하려면 치밀한 노후 설계가 요구된다. 노후자금 준비 계획을 다른 생애계획과 함께 세워야 한다는 말이다. 즉, 수입에서 노후자금을 공제하고, 그 나머지로 다른 은퇴 후 생애계획을 위한

은퇴하면 뭐 먹고 살래

저축이나 생활비를 조달해야 한다. 노후자금 준비는 '여유가 생기면 하는 것'이 아니고, '가계자금을 재검토해 지금 당장 꼭 시행해야 하는 것'으로 순위와 위상을 바꿔야 한다.

노후자금 준비에 적절한 금융상품은?

나이가 들면 대부분의 사람들은 어느 정도 여유자금을 가지고 취미생활을 하면서 건강하게 살다가 한두 달 아프다 죽기를 간절히 소망한다. 이처럼 행복한 노년을 위해서는 노후자금과 함께 건강이 받쳐주어야 하고, 또 자신이 진정으로 하고 싶은 취미가 있어야 한다. 그렇다면 평균수명 90~100세 시대에 행복한 노년을 보내는 데 필요한 노후자금은 어떻게 마련할까?

노후자금은 장기금융상품으로 마련한다

현재 35세인 사람이 55세 은퇴 때까지 노후자금을 준비한다면 적립 기간은 20년이다. 매달 20만 원씩 적립한다고 가정할 경우, 20만×12개월×20

년=7200만 원이 된다. 만일 연리 4%로 적립 운용한다면, 30년 후에는 약 1억 3880만 원이 된다.

하지만 지금처럼 저금리 시대에는 계산처럼 되지 않는 경우가 많다. 이유는 또 있다. 첫 번째는 장기간 연금을 붓기가 힘들기 때문이다. 의지가 약하고, 매달 적립하려고 해도 이러저러한 사정이 생겨 계속 부을 수 없는 경우가 허다하다. 두 번째는 상당한 액수를 적립하게 되면 다른 용도로 써버리기 때문이다. 예컨대 자녀교육비나 주택자금, 결혼 비용, 의료비 등으로 쓰는 경우가 많다.

노후자금은 별도 계좌로 관리한다

노후자금은 별도의 계좌에 예치해 관리하는 것이 필요하다. 다른 주택자금이나 자녀교육도 중요하지만 절대 혼용해서는 안 된다. 반드시 교육자금이나 주택자금과 별도로 관리해야 한다. 예컨대 노후자금용 계좌나 증권 계좌를 개설하든가 매달 일정액을 적립하는 장기적금이나 연금저축 등에 가입하면 의지가 약한 사람이라도 장기간 적립할 수 있다.

정액 혹은 변액 개인연금보험에 가입한다

위험부담 없이 노후자금을 준비하고 싶은 사람은 정액 개인연금보험에 가입하면 좋다. 이것은 피보험자가 미리 정해 둔 나이(예를 들면 60세, 65세 등)가 되었을 때부터 일정기간(10년, 15년 등) 혹은 남은 생애 동안 매년 연금을 받는 보험이다. 연금보험에는 받을 수 있는 연금액이 미리 정해져 있는 정액형과 운용 성과로 연금액이 바뀌는 변액형이 있다.

우리나라에서는 이익을 극대화하기 위해 변액 연금보험이 대세를 이루고 있지만 일본에서는 변액보다는 정액 연금보험에 중점을 두고 있다.

적게 받아도 안전하게 받는 게 낫다고 생각하면 정액형을 선택한다. 정액 또는 변액 개인연금으로 일정 요건을 채우면 소득세나 주민세를 계산할 때 개인연금 공제가 적용되어 세금우대 혜택을 받을 수도 있다. 세금의 소급 효과를 생각하면 이율은 높아진다.

매달 일정액을 적립투자한다

노후자금은 장기간에 걸쳐 준비하는 것이므로 투자 개념으로 운용하면 좋다. 매달 일정액 적립투자를 하는 것도 좋은 방법이다. 증권 계좌를 만들고 매달 일정 금액을 투자신탁하는 것도 하나의 방법이다. 정기적금을 붓듯 매달 일정 금액이 통장에서 빠져나가게 한다. 최근에는 월복리식 적금이 늘어나는 추세인 만큼 이것을 참고하면 좋다. 매달 투자하는 것은 장기투자를 의미하며, 되도록 일찍 투자를 시작하는 것이 현명하다.

노후자금은 어떻게 운용하는 것이 안전한가

은퇴 자금은 명확한 목표의식을 가지고 배분해야 한다. 현재의 자산 상태표를 만들고 필요한 자금을 필요한 시기에 쓸 수 있도록 자산을 배분하여 관리한다. 그리고 가능하면 자녀에게 물려주기보다 자신의 경제적 독립을 우선적으로 확보하도록 한다. 노년을 안락하고 여유있고 즐겁게 지내려면 늙기 전에 미리 계획하고 관리해야 한다. 이제 자식들에게 기대 살던 시대는 끝났다. 스스로 독립적으로 살아야 하는 세상임을 깨달아야 한다.

① 안전성을 가장 먼저 고려한다 – 원금보장, 분산투자, 적정투자
 – 주식투자같이 위험부담이 많은 투자는 하지 않도록 한다.
 – 사금융은 피한다.

−변동금리보다 확정금리 또는 실세연동형 금리를 선택한다.

−은행 정기예금, CD, CP, 국공채 등.

② 유동성을 높인다 – 일정 현금 확보, 포트폴리오

−부동산 투자보다 금융자산 투자 비율을 높인다.

−장기 상품보다 단기 상품을 활용한다.

−언제나 중도해지 가능성을 염두에 두고 수수료를 확인한다.

−은행의 MMDA, 투신사 MMF 등.

③ 월 이자지급식 상품을 이용한다 – 복리 예치, 생활비 계산

−은행의 적립식 목적신탁, 은퇴생활 연금신탁 등.

−안정적인 A급 회사채, 각종 정기예금, 투신사 공사채형 저축 등.

④ 보험을 활용한다 – 종신보험, 보장보험

−개인연금보험, 각종 생명·건강 보험.

−지나치게 보험에 많이 가입하는 것은 이로울 게 없다.

⑤ 부채를 최소화한다 – 부채 제로, 선부채 탕감

−부동산을 팔더라도 부채를 해결한다.

−부채를 제로로 만들기 위한 연차 계획을 세운다.

−불편하더라도 부채를 유발하는 자산을 정리한다.

⑥ 절세 상품을 활용한다.

−비과세저축, 세금우대저축 등.

−은퇴금이나 노인 고객에게 세금 혜택을 주는 상품에 가입한다.

은퇴하면 뭐 먹고 살래

시골 생활비
한 달에 얼마 드나

은퇴 후 시골에서 노후를 보내는 것도 한 방법이다. 시골 생활을 하면 좋은 점 가운데 하나가 도시보다 생활비가 적게 든다는 것이다. 텃밭만 일궈도 어지간한 먹거리는 충당할 수 있기 때문이다. 또 도시에 있을 때보다 아무래도 용돈 씀씀이나 소비 지출이 적을 수밖에 없다.

전원생활을 하고 있는 도시 은퇴자 가운데 한 달 생활비가 도시에서 생활할 때의 반밖에 들지 않는다고 말하는 사람이 적지 않다. 30년간의 교사 생활을 그만두고 지난 2001년에 귀촌한 박복경(64) 씨의 한 달 생활비는 70만~100만 원. 박씨는 "자급자족하는 생활이라 전기료, 인터넷 사용료, 차량유지비 외에는 크게 돈이 들어가지 않는다"면서 "지금의 생활비는 도시에 있을 때와 비교하면 절반도 안 드는 편"이라고 말한다. 도시에서 가장 부담스럽던 경조사비가 반 이상 줄어든 것도 한몫했다.

　LG경제연구원 추산에 따르면 60세에 은퇴한 부부가 군 단위 지역에서 '평균 수준'의 노후를 보내는 데 필요한 한 달 평균 생활비는 97만 원. 서울에서 생활할 때 필요한 154만 원의 63% 수준이다. 따라서 도시 은퇴자들은 어느 정도의 연금과 저축만 있으면 시골에서 경제적으로 큰 어려움 없이 생활할 수 있다.

　실제 은퇴 후 농촌으로 이주한 50세 이상 귀농자 408명을 대상으로 농촌진흥청이 조사한 결과에 따르면 응답자의 53%가 한 달 생활비로 100만 원 미만을 쓴다고 답했다. 50만 원 미만의 귀농자도 21%에 달했으며, 100만~150만 원 미만은 24%, 150만 원 이상은 23%였다. 또한 응답자의 78%가 현재의 경제 수준에 만족감을 나타냈다.

　이처럼 농촌에서는 지출이 적기 때문에 상대적으로 적은 소득을 가지고도 생활할 수 있다. 기본적인 소비 지출이 많은 도시에서는 200만 원으로도 생활이 빠듯할 수 있지만 시골에서는 이보다 훨씬 적은 소득으로도 여유 있게 생활할 수 있다는 것이다.

　2009년 강원도 화천으로 귀촌한 A씨 부부의 현재 소득은 도시에서 살 때의 3분의 1 수준인 월 150만 원. 하지만 풍족감은 비교가 되지 않는다. A씨는 "전에는 450만 원을 벌어도 생활이 빠듯하다는 느낌에서 벗어날 수 없었으나 지금은 150만 원을 벌어도 풍요롭다는 느낌으로 꽉 채워진다"고 말한다. 현재 A씨의 기본 생활비는 30만 원 정도. 그는 "도시에서 살 때는 엄두도 내지 못했던 적금을 지금은 붓고 있다"고 덧붙였다.

2부

살기 위해 새로운 일을 시작한다

3층보장시대의
대한민국

최근 들어 정년 개념이 없어지면서 조기에 직장을 그만두는 일이 많아졌다. 이제는 진부한 이야기가 되었지만 몇 년 전만 해도 '사오정'이니 '오륙도'니 하는 이야기가 우스갯소리처럼 퍼져 나갔다. 정년을 맞이할 때까지 직장 생활을 한다 하더라도 55세에 완전히 은퇴해 30년 안팎의 기간을 일 없이 생활한다는 것은 여간 고통스러운 일이 아니다.

이처럼 완전한 은퇴를 하기에는 너무 이른 나이에 직장을 그만두게 되면서 많은 사람들이 창업에 도전하고 있다. 노령연금을 받는 나이까지 매달 일정 금액의 소득원을 확보하지 못한 경우, 당장의 생활비를 마련하기 위해서라도 일을 해야 할 판이다.

그런데 국민연금을 받게 되는 연령이 현재 60세에서 2012년부터는

5년 단위로 한 살씩 늘어나 2037년부터는 65세부터 받게 돼 그 간격이 더욱 벌어지게 된다.

이러한 일은 비단 우리나라에서만 일어나는 현상이 아니다. 영국은 2003년 사상 처음으로 근로자들의 의무근로기간을 70세로 규정한 새로운 정년퇴직제를 도입했다. 이에 따라 근로자들은 앞으로 70세까지 의무적으로 일해야 하며, 그렇지 않을 경우 연금 수령액이 대폭 삭감된다. 이는 지금까지 기업들이 자율적으로 정년퇴직제를 운영해 오고 60세 퇴직이 일반적이었으나, 고령화사회에 대비하고 위기에 빠진 연금제도를 살리기 위해서는 불가피한 고육책으로 풀이되고 있다.

이처럼 영국 정부가 새로운 정년퇴직제를 도입함으로써 1908년 연금법 시행 후 도입된 정년퇴직제가 한 세기 만에 사라졌다. 과거 수명이 짧았던 시절에 만들어진 연금제도는 그동안 은퇴 연령을 65세까지 올려 왔다. 미국의 루스벨트 대통령이 65세를 표준 은퇴 연령으로 정했을 당시 미국의 평균 예상수명은 63세였다. 그러나 80세, 곧 100세 수명을 누리며 살아가는 시대에 정부가 과도한 연금 부담을 질 수가 없다.

인구의 고령화를 고려할 때 정년 폐지는 연금 수급 자격 연령을 높여 연금 재정 위기를 타파하기 위한 것이다. 또한 노인에게 일할 기회를 주어 노동력을 확보함과 동시에 스스로 노후 준비를 할 수 있도록 하기 위한 것이다. 이러한 정년제 폐지는 한편으로는 사회보장제도의 변경을 의미하고, 다른 한편으로는 노동기회 확대와 노동유연성 확보를 의미한다.

이와 관련하여 전문가들은 "고령화사회에서 적정 수준의 노동력을 유지하려면 연령 기준의 강제퇴직제도를 금지시키고 고용 기회를 창출해야 한다"고 주장한다. 연금제도를 살리려면 "연금 수급 개시 연령을 더 늦추고 연금의 소득대체율을 낮추어 장년층과 노년층의 조기퇴직을 줄

은퇴하면 뭐 먹고 살래

여야 한다"는 것이다. 이렇게 정년제가 폐지되어 은퇴 후에도 일을 하게 된다면 연금액을 다소 줄여서 지급할 수 있을 뿐만 아니라 그 소득에서 연금 재원을 마련할 수도 있으므로 이중으로 연금 재정을 안정시키는 효과가 있다.

연금제도 개선에 대한 고민은 국민연금 고갈에 대한 우려에서 비롯된 것이다. 국민연금은 이대로 가면 2036년에 적자로 돌아서 2047년에는 고갈되리라는 게 전문가들의 지적이자 정부도 인정한 시나리오다.

현재 우리나라의 연금 체계는 국민연금과 퇴직연금, 개인연금을 연계한 3층의 소득보장 구조로 돼 있다. 2004년 말 컨설팅회사 메킨지가 발표한 자료에 따르면 "더 많이 내고 적게 그리고 늦게 받는, 즉 최저생활 보장에 초점을 맞춘 방향으로 개선된 국민연금"이 제1축이 된다. 제2축은 퇴직연금으로, 퇴직연금은 도입으로 끝날 것이 아니라 확정급여형(DB)이냐 확정기여형(DC)이냐에 따라 각각 세제 혜택을 달리해 가입을 유인해야 한다는 지적이다. 제3축은 개인연금으로, 개인연금에 대해서는 소득공제 상한을 확대하는 등 과감한 인센티브를 주고 금융기관들이 다양한 상품을 내놓을 수 있도록 규제를 대폭 완화해야 한다는 주장이다.

4층보장시대를 넘어 5층보장시대로

우리나라도 글로벌 경쟁 시대를 맞아 앞으로는 정년이 늘어나거나 아예 없어질 수 있다. 기업은 무한경쟁을 하며 효율성을 추구해야 하기 때문에 노동비용이 비싼 고연령층 근로자보다 젊은 근로자를 선호할 것이다. 근로자들도 생물학적 수명이 늘어나고 있는 추세에 발맞추어 '평생직장'보다는 '평생직업'을 찾아 나설 것이다. 이에 따라 노동시장의 유연성이 극도로 높아지면서 다양한 형태의 노동 방식이 생겨날 것으로 보인다. 파트타임 노동이 늘어나는 것은 말할 것도 없고, 1인 기업 또는 극소 규모의 기업이 수없이 생겨날 것이다.

이러한 변화는 지금과 같이 연금 같은 금융 수단에 의존하여 노후를 준비하는 3층보장시대가 끝났다는 것을 의미한다. 자신의 노동으로 노후

은퇴하면 뭐 먹고 살래

를 준비하는 4층보장시대가 도래하고 있음을 말해 준다. 4층보장이라는 개념은 3층보장과 마찬가지로 일찍이 사회보장제도가 발달한 유럽에서 확립되었다.

유럽의 유수한 보험회사들이 설립한 제네바학회(Geneva Association)는 지난 1987년 3층사회보장제도에 더해 네 번째 사회보장제도로 퇴직 후에도 파트타임으로 일하는 것을 들었다. 이처럼 유럽은 평생 일하는 것을 당연하게 여긴다. 인구 고령화 시대에 3층보장시스템을 보강하려는 것은 당연한 시도다.

하지만 우리나라는 3층보장시스템조차 아직 확립되어 있지 않다. 정부는 2007년 국민연금법을 개정하여 소득대체율을 40%까지 낮추었다. 재정 안정화와 자녀 세대 부담을 줄이기 위해 꼭 필요한 조치인 셈이다. 그러나 국민연금을 통한 노후보장 수준은 그만큼 낮아졌다. 적정 노후 소득 수준이 은퇴 전 소득의 60% 안팎임을 고려할 때, 국민연금만으로 노후를 준비하기에는 부족하다는 것을 알 수 있다.

이 부족분을 메우기 위해서는 퇴직연금과 개인연금을 활용해야 한다. 국민연금을 기본으로 기초소득을 보장하고 나머지는 퇴직연금과 개인연금으로 충당해야 한다는 말이다. 퇴직연금이 지난 2005년에 도입된 것도 이러한 배경과 무관하지 않다.

그러나 이러한 시스템도 길어진 노후를 보내기에는 충분치 않다. 불안한 연금제도에만 의존하지 말고 자립 능력을 키워야 한다. 지난 30여 년을 되돌아보면 개인의 은퇴 후 생활에 대한 대처는 전무했다고 해도 과언이 아니다. 아이들이 내 노후를 책임질 것이다, 국가가 책임질 것이다, 주변 친구들이 도와줄 것이다 등……. 모두 아름다운 이야기지만 현실과는 거리가 멀다.

이제는 다음 〈표 5〉에서와 같이 '점진적 은퇴'를 전제로 계획을 처음부터 다시 세워야 한다. 나이 들어서도 계속 일할 수 있는 시스템을 어떻게 만들어 나갈 것인가를 집중적으로 고민해야 한다.

〈표 5〉 개인의 노후보장 시스템 구축

제1축	국민연금	최저생활 보장에 초점을 맞춘 노후보장
제2축	퇴직연금	확정급여형(DB) 또는 확정기여형(DC) 퇴직연금
제3축	개인연금	소득공제 상한을 확대하는 과감한 인센티브 제공
제4축	자율연금	개인이 계속 일함으로써 자신의 노후를 준비
제5축	자립자경	농업과 시골 생활로 건강과 노동, 보람을 찾는 방안

*자립자경(自立自耕)이란 필자가 주창하는 신개념으로 농사지어 스스로 먹고 사는 문제를 해결하는 방법이다. 은퇴 후 20~30% 정도의 식비를 해결하고 새로운 소득을 창출한다면 자립이 가능하다는 개념이다.

물론 '점진적 은퇴'가 가능하려면 나이를 이유로 고용 차별이 이루어져서는 안 된다. 또한 고령자를 고용하는 기업에 인센티브를 부여하는 등의 정책적 지원이 뒤따라야 한다.

하지만 기업으로서도 이들의 고용이 회사에 이익이 되어야 하고, 또 현재 청년실업이 커다란 사회 문제로 부각되고 있는 상황에서 50·60대 주장만 할 수는 없다. 때문에 자기 경쟁력을 높이는 것이 무엇보다 중요하다.

그렇다면 어떻게 해야 경쟁력을 높일 수 있을까? 무엇보다 자기가 좋아하고 잘하는 일을 해야 한다. 스스로 일해서 보람을 찾는다는 것은 무엇보다 가치 있는 일이다. 돈 때문에 마지못해 하는 일이 아니라 기쁜 마음으로 할 수 있는 일을 찾으라는 말이다. 일을 하는 것은 건강을 유지하는 데도 도움이 된다. 반면 강요된 은퇴는 사람들의 정신까지도 파괴할 수 있어 더 큰 문제다.

제3의 인생기에는
어떻게 일해야 할까

인생을 봄, 여름, 가을, 겨울로 나누어 보자. 봄이 태어나고 성장하면서
교육을 받는 시기라면, 여름은 왕성하게 사회참여를 하고 결혼해 아이들
을 낳고 기르면서 화목하게 가정을 꾸리는 시기다. 또 가을이 회사를 퇴
직하고 은퇴 후 생활을 하는, 개인적으로는 결실의 시기라고 한나면, 겨
울은 다시 자연으로 돌아갈 준비를 하는, 많은 부분에서 존재감이 없어지
는 시기다.

현재 30~50대가 준비해야 할 인생의 가을, 즉 2020~2030년대에는 산업
구조가 급속히 변화할 것으로 전망되고 있다. 모든 것이 디지털화되면서
지식을 기반으로 하는 개인의 브랜드 가치를 창출해야 살아갈 수 있는 시
대다. 기본적인 것들은 모두 기계가 대체하고, 기계가 할 수 없는 예술·

창작·원예·스포츠 분야가 크게 번성할 것이다.

이러한 경제의 디지털화는 서비스산업을 더욱 발전시키고, 경제구조를 수평적으로 만들고 서로간의 연계를 강화해 노동유연성이 한층 높아질 것으로 전망된다. 경제의 디지털화에 따른 서비스 경제의 활성화는 과거의 전통적인 서비스산업의 개념까지 바꾸고 있다. 또한 네트워크의 발달로 외부에서 조달하는 아웃소싱이 점점 확산되고 있다.

이렇듯 우리나라의 디지털 경제 서비스화는 빠르게 진행되고 있다. 하지만 국제적 기준에 비추어 볼 때는 아직 낮아서 앞으로 경제의 서비스 융복합화가 빠르게 진행될 것으로 보인다.

지난 2008년에 발행된 산업연구원의 연구보고서 『융합시대의 IT산업 발전 비전과 전략』(서동혁·이경숙·주대영·김종기)을 보자. 연구원들은 먼저 개방적 기술혁신과 가치창출의 관점에서 융합화 혁신역량을 촉진하는 요인을 선정했다. 이를 토대로 제조업 중심의 IT산업 융합화 혁신역량 지수를 도출했는데, 미국을 100으로 할 때 일본이 84, 한국이 73이었다. 우리나라가 선진국에 비해 뒤떨어졌음을 알 수 있다.

따라서 앞으로 은퇴자는 융복합적인 일을 해야 한다. 과거의 영역과 현재의 영역을 이어주는 분야에서 일을 해야 한다는 것이다. 우리나라가 가장 높은 혁신 잠재력을 보유한 분야로는 '융합시장·고객의 요구(융합시장 수요 창출)'로, 지수가 89를 나타내고 있다. 다섯 개 영역 중 이 분야가 다른 영역보다 월등하게 높다. 이 분야에 대외 경쟁력이 있다는 말이다. 일본 역시 융합 영역이 높게 나타났는데, 이는 두 나라가 IT산업의 발달로 시장 수요에 대한 기업 대응성, 공급자의 수요자(기업·개인)에 대한 적기 대응, 소비자의 융합제품 수용 준비성 등이 상대적으로 높기 때문인 것으로 분석된다.

반면 제도 및 기반 개선, 창조경영 분야는 각각 60 수준에 머물러 매우 낮은 것으로 나타났다. 주목할 만한 점은 한국과 일본이 공통적으로 창조경영 분야의 혁신역량이 미국에 비해 크게 뒤진다는 사실이다. 이는 융합 시대를 맞아 중시되는 창의성·차별성·감성·개방성·유연성 등이 충분히 발휘될 수 있는 문화적·관리적 환경이 취약하기 때문으로 보인다.

이 분야가 앞으로 디지털 시대의 아킬레스건이 될 것이다. 우리나라와 일본은 불행하게도 경쟁력에서 뒤떨어질 것으로 보인다. 창조경영은 룰을 깨고 변화를 시도하는 것인데 그러한 훈련이 되어 있지 않기 때문이다. 공동체를 중시하고 일탈을 허용하지 않는 전체주의적 사고방식은 창조성과 상상력을 제한하게 마련이다.

따라서 창조를 전제한 개방적 기술혁신과 함께 가치를 창출해야 한다. 차세대 산업의 융복합을 촉진하기 위해서는 학제간 융합 연구 여건을 조성하고 법과 제도를 정비하는 한편 융합 분야의 연구개발 프로세스 확립, 부처 간 및 정부·민간의 역할분담, 융복합 분야 선진국과의 국제협력 강화 등이 요구되지만 세계에서 가장 경직된 행정 문화를 가진 나라에서 잘 될지는 의문이다.

게다가 경제의 디지털 서비스화가 빠르게 진행되고 노동유연성이 높아지는 상황에서는 중고령 근로자들의 지위가 약해질 수밖에 없다. 정규직보다는 임시직 비중이 늘어나고, '프리에이전트'라 불리는 자유계약 근로자군이 늘어난다.

미국 프리에이전트의 실태를 분석한 다니엘 핑크는 그의 저서 『프리에이전트의 시대가 오고 있다』에서 "미국의 60대 이상 노년군단이 프리랜서, 초소형 사업가, 자영업, 지식기반 노동자, 임시직, 재택사업가, 그리고 독립전문가로 변신하고 있다. 그들은 원하는 시간에 원하는 방식으

자기변신	과거 전문성을 발휘, 독립전문가로 변신(초소기업 혹은 1인기업)
인터넷 활용	일거리를 찾고 처리하는 발판으로 인터넷 활용
네트워크 중시	네트워크형 인프라를 구성해 일하고 끝나면 느슨한 경계 형성
재택근무	일의 추진 과정이 공간적 제약을 받지 않게 분리
전원클러스터 형성	업무상의 정보교류만이 아니라 정서적으로 교감하는 동종 마을 형성

로 일하는 프리에이전트다. 그리고 일거리를 찾고 처리하는 발판으로 인터넷을 이용한다"고 썼다. 이들 프리에이전트는 네트워크를 형성하고 그 속에서 스스로 자생력을 키워 간다는 점에서 과거에 존재하지 않았던 새로운 유형의 노동 방식을 보여준다.

이들은 일이 끝나면 정보를 교환할 수 있을 정도의 느슨한 네트워크는 남겨두는데, 이에 따라 미래에는 정적이거나 영구적인 경영조직이 아닌, 일시적으로 존재하는 초탄력적인 조직이 다수 등장할 것으로 보인다.

그러나 일의 성격상 대부분 혼자 해야 하는 데 따른 정신적 외로움이 크고, 주어진 일을 잘 마무리해야 다음 일을 수주할 수 있어 스트레스도 강하게 받는다. 이 때문에 지역사회 내에서 같은 종류의 일을 하는 사람들의 커뮤니티가 활성화될 것으로 보인다. 예를 들어 시나리오마을, TV광고아이템마을, 시인마을, 영화감독마을, 마케팅전문가마을 등 다양한 커뮤니티가 온라인과 오프라인에서 모두 활성화될 것이다. 업무상의 정보교류만이 아니라 정서적 교감도 함께할 수 있는 장으로 발전해 간다는 말이다.

단계적 은퇴를
하라

사회가 급속하게 지식기반사회로 이행하면서 우리가 원하든 원치 않든 명예퇴직·조기퇴직 열풍이 불고 있다. 그러다 보니 중장년층을 중심으로 조기퇴직의 부작용을 우려하는 목소리도 커지고 있다. 조기퇴직이 사회 흐름으로 정착된다는 것은 국가에 큰 부담을 줄 수밖에 없기 때문이다. 물론 기업은 조직을 슬림화하고 높은 인건비가 들어가는 노동력을 줄이는 등 경영혁신을 해야 살아남을 수 있다.

그러나 준비되지 않은 상태에서의 급격한 실직과 퇴직, 은퇴는 사회를 잠재적 위험에 도달하게 하는 지름길이다. 고용예고제와 같은 제도를 마련해 최소한 6~12개월 정도 개인이 은퇴 준비를 할 수 있는 시간을 주는 것이 바람직하다.

그러면 조기퇴직이 어떤 문제점을 갖고 있는지 살펴보기로 하자.

첫째, 광범위한 실업으로 인한 은퇴의 일반화다. 요즘 직장인들은 '황퇴(황당한 퇴직)'라는 유행어로 자조한다. 어제까지도 멀쩡했던 직장이 부도 위기에 직면해 사원을 정리하면서 졸지에 실업자 신세가 되는 것이다. 비정규직보호법 발효 이후 계약연장 거부 통보를 받는 기간제 근로자들도 마찬가지다. 문제는 황퇴가 점점 늘어나고 고용 없는 성장이 지속될 것이라는 전망이 나오면서 불안감이 갈수록 커지고 있다는 것이다. 해마다 60만 명이 새로 노동시장에 진입하지만 일자리는 도리어 줄고 있다.

둘째, 개인의 노동력이 사장됨으로써 인적자원 낭비가 크다는 것이다. 이를 방지하기 위해서는 일자리 나누기가 요구되지만 대부분의 민간기업은 필요성에 대해서만 공감할 뿐, 실제로 도입하겠다는 기업은 거의 없다. 기업이 고려하는 것은 '고용유지형' 일자리 나누기 정도라고 보면 좋다. 정부가 생각하는 '고용창출형' 움직임은 아직 보이지 않는다. 따라서 경기가 급격하게 좋아지지 않는 한 신규 고용 창출 여력이 크지 않다고 보는 것이 정설이다. 민간기업들은 효율을 중시하는 속성상 일자리 나누기가 기업의 생리와 부합하지 않는다고 호소한다. 경제위기 상황에서는 오히려 조직의 '군살'을 빼야 한다는 입장이다.

셋째, 노후 준비가 안 된 상황에서의 조기퇴직은 국가에 부담이 될 수 있다. 노후 준비에 대한 사회적 파장이 커야 정부는 대안을 마련할 것이다. 하지만 현실적 측면에서 정부가 과연 민간기업의 눈치를 안 보고 청년실업 문제를 외면할 수 있을지는 의문이다. 때문에 현재로서는 개인이 은퇴 준비를 철저히 하면서 정부의 고용정책을 변화시켜야 한다.

일부 기업은 임금피크제(일정 연령이 되면 임금을 삭감하는 대신 정년은 보장하는 제도)를 도입해 단계적 은퇴 프로그램을 시행하고 있다. 또 일단 퇴

은퇴하면 뭐 먹고 살래

직시킨 후 다시 계약직이나 파트타임으로 고용하기도 한다. 임금피크제가 시행되려면 노사간의 신뢰가 좀더 돈독해져야 한다. 만일 단계적 은퇴 프로그램이 시행되지 않는 기업이라면 기존에 관계를 맺어 온 기업이나 단체로 전직하여 은퇴 시기를 늦추는 방법도 생각할 수 있다.

임금피크제는 분명 기업으로서는 중고령자 인건비 절감, 그로 인한 신규 채용 등 인력운영의 탄력성을 높일 수 있고, 중고령 근로자로서는 고용안정을 보장받을 수 있는 제도다. 임금피크제의 장점이라면 퇴직 후 재고용의 방법으로 자신이 다니던 직장에서 일을 다시 하게 됨으로써 심리적 안정을 되찾을 수 있다는 것이다. 반면 자신이 기존에 가졌던 지위와 권위 등에 집착할 경우 오히려 심리적 갈등을 겪을 가능성 또한 있다.

앞으로 지식경제가 확산될수록 전문지식을 갖고 있는 사람들의 위력은 더욱 커질 것이다. 이러한 지식경제는 인터넷에 기반한 네트워크를 통해 확산될 것이다. 특히 기업들은 글로벌 경쟁에서 우위에 서기 위해 핵심역량을 강화하고 비핵심역량은 아웃소싱하는 추세로 나갈 것이다. 따라서 전문지식을 쌓고 든든한 네트워크를 구축할 필요가 있다. 그래야만 은퇴 후에도 자신을 활용할 고용처를 갖게 됨으로써 단계적 은퇴를 할 수 있다.

물론 모든 사람이 단계적 은퇴를 할 수 있는 것은 아니다. 육체적 힘이 강조되는 직종에 종사하는 사람들은 일정 연령을 넘어서는 순간, 바로 은퇴가 결정될 수밖에 없기도 하다. 이는 육체 이외에 중요한 기술이나 지식을 갖고 있지 못하기 때문이다. 또한 빠르게 변화하는 세상에서 진부한 경험과 시대에 뒤진 기능만을 갖고 있을 경우, 45세 이후 회사를 옮기기란 매우 힘들다. 특히 55세 이후에는 거의 불가능하다고 보아도 무방하다. 비록 정부가 고령자 취업을 장려한다고 해도 그것은 제대로 된 일자리가 아니라 임시직이나 일용직이 대부분일 것이다.

하지만 1990년대 초 미국의 저명한 경영학자였던 피터 드러커 교수가 한 칼럼에 썼듯이, 45세에도 새 직장에서 시작할 수 있어야 한다. 이 칼럼은 공병호 박사의 홈페이지에도 소개되어 대단한 관심을 받았다. 이직·전직·은퇴를 두려워할 것이 아니라 차근차근 준비를 해나가는 것이 중요하다.

또한 단계적 은퇴를 하기 위해서는 고용주가 필요로 하는 기술이나 지식은 물론이고 협상할 수 있는 능력을 키워야 한다. 그러한 능력을 가지고 있다면 고용 형태가 계약직이든 임시직이든 기존의 정규직일 때와 비교해 소득이 크게 떨어지지 않고 유지할 수가 있다.

좋아하는 분야의
재취업에 도전하라

인간이 100세까지 산다고 가정할 때 55세에 은퇴를 강요하는 것은 너무 가혹할 수 있다. 일이 없다면 길고 지리하고 가난에 찌든 노후생활을 할 수밖에 없다. 20~30년 일해 40년을 살아간다는 것은 여간 똑똑한 사람이 아니곤 달성하기 힘든 과제다.

따라서 앞으로는 다니던 직장에서 은퇴한 후 자신이 좋아하는 일에 도전하는 것은 흔한 일이 될 것이다. 그런데 기존에 자신이 하던 일의 연장선상에서 재취업을 하게 되면 지난번 직장에서 겪었던 것과 마찬가지 이유로 일을 그만두어야 하는 상황이 발생하기 쉽다. 같은 일에 종사할 경우 환경 또한 유사할 것이기 때문이다.

그런 상황에 맞닥뜨리지 않기 위해서는 경제 및 사회 환경 변화를 고려하여 새로운 분야로 진출하는 것이 나을 수 있다. 그렇다고 전혀 모르는 낯선 분야보다는 자신이 좋아하고 잘할 수 있는 분야를 미래의 기회와 연결시키는 것이 좋다. 새로운 분야에 도전하는 것은 어려움도 많겠지만 이루어냈을 때의 성취감은 더 크다.

재취업을 할 경우 고용보험을 활용하면 큰 도움이 된다. 근로복지공단이 운영하는 고용보험에는 대부분의 직장인이 가입해 있는데, 근로자 임금 총액의 1.15~1.75%의 보험료를 납부하고 실직했을 때 실업급여 등을 받게 된다.

고용보험사업은 크게 고용안정사업·직업능력개발사업·실업급여사업 등이 있는데, 이들 사업 중에서 직업능력개발사업은 재취업에 도전하는 사람들에게 큰 도움이 된다. 수강장려금이나 실직자 재취직 훈련 지원 등을 통해 비교적 용이하게 재취업을 준비할 수 있기 때문이다.

특별한 전문 지식이나 기술이 없다면 농업, 그중에서도 취미농을 해보길 권한다. 쉽게 말해 도시에서 하던 일이나 자신이 잘할 수 있는 일을 농사와 함께 하는 것이다. 이를 반농반사(半農半事)라고 하는데, 농업적인 개념으로 본다면 1종 겸업농을 말한다. 도시에서 수십 년 살던 사람이 프로 농사꾼이 되어 농민보다 농사를 잘 짓기는 사실 어렵기 때문이다.

예를 들어 도자기나 목공예를 할 줄 안다면 농사와 더불어 도시민을 대상으로 도자기 체험이나 목공 체험 프로그램을 운영하면 농외소득을 올릴 수 있다. 도시에서 컴퓨터 관련 일을 했다면 농산물 전자상거래를 해보는 것도 좋다. 도시에서 했던 일을 반, 농업을 나머지 반으로 생각하라는 개념이다.

처음부터 중후장대한 시설투자는 금물이다. 작고 소박하게 해야 한다. 농촌에서 큰돈을 벌겠다는 생각보다 일을 해서 좋고 감사하다는 생각을

은퇴하면 뭐 먹고 살래

가진다면 기회가 올 것이다. 그때 시설투자를 해도 늦지 않다. 하지만 큰 돈을 투자해 실패한다면 앞날은 도시에서보다 어두울 것이다. 더욱이 나이 들어서 다시 일어서기란 무척 어렵다.

　그런 점에서 반농반사는 농업과 자신의 일을 병행할 수 있는 좋은 아이디어다. 농촌에서 은퇴 후 노후를 보내려는 사람은 반드시 새겨두자.

창업에
도전하라

온라인 리크루팅 업체 잡코리아(www.jobkorea.co.kr)가 종업원 300인 미만의 중소기업에 재직 중인 인사담당자 183명을 대상으로 '장노년층 일자리 실태'에 관한 설문조사를 했다. 그 결과를 보면 국내 중소기업 10곳 중 5곳 이상이 사내에 퇴직연령제도가 있었다. 하지만 퇴직 연령까지 일하다가 퇴사하는 직원은 극히 드문 것으로 밝혀졌다.

실제 사내에 퇴직연령제도가 존재한다고 답한 103개사를 대상으로 퇴직 연령까지 근무 후 퇴사하는 직원의 비율을 조사한 결과, 73개사(70.9%)가 10% 미만이라고 답했으며, '10~30% 미만'은 17.5%, '30~50% 미만'은 8.7%, '80% 이상'은 2.9%에 불과했다.

특히 중소기업 10곳 중 7곳은 재직중인 직원들 가운데 50대 이상이 차

은퇴하면 뭐 먹고 살래

지하는 비율이 '10% 미만'(69.4%)이라고 답했다. '10~30% 미만'과 '30~50% 미만'은 각각 24.0%, 6.6%였다.

한편 설문에 참여한 인사담당자들을 대상으로 '본인이 50세 이상이 되어 퇴사하게 된다면 향후 진로를 어떻게 정하고 싶은가'를 물었을 때 '창업'(34.4%)이 1위로 뽑혔으며, 그 다음으로는 '재취업을 포기하고 소일거리에 안주'(29.5%)와 '이직 또는 재취업'(16.4%) 등이라고 답했다. 그 밖에 '귀농·귀촌', '자녀 또는 손주를 돌보며 생활', '간단한 아르바이트 또는 봉사활동 계획' 등이라고 답했다.

이러한 답변은 고령화가 가속화되고 있는 요즘, 정작 은퇴 후 장노년층이 경제활동을 할 만한 마땅한 일자리가 없다는 현실을 보여주는 것이다. 실제로 사업을 시작할 경우, 대부분의 사람들은 실패하지 않으려고 신중하게 접근하지만 세상에 시행착오를 거치지 않고 성공할 수 있는 경우가 얼마나 될까. 실패를 두려워하면 새로운 일을 시작하기 어려울 뿐만 아니라, 설사 착수한다 하더라도 성공하지 못한다.

하지만 자신이 과거에 일하면서 쌓아 온 노하우를 최대한 활용할 수 있는 일이라면 성공을 거두기가 그리 어렵지 않을 것이다. 다음 사례는 평소 관심을 갖고 있던 분야에서 터득한 기술적 노하우를 십분 활용해 크게 성공한 경우다.

지난 2000년 1월 창업한 (주)안동간고등어는 사업 초기만 해도 직원 6명에 연매출이 4억 원에 불과했다. 하지만 2010년 현재는 임직원 70명에 연매출 120억 원으로 27배나 성장했다. 1인당 매출은 1억 5천만 원 정도. 올해 미주 지역으로의 지속적이고 안정적인 수출 판로를 개척하는 데도 성공했다. 조일호 대표는 안동시 공무원 시절부터 안동간고등어를 상품화하려고 무척 애를 쓴 인물로, 공무원으로 재직중일 때 상표등록을 해놓는 등 사업을 시작하기 10여 년 전부터 준비를 해왔다.

현재 안동간고등어는 온라인 판매망을 분사시켜 연매출 100억 원 규모의 (주)안동간고등어종합식품을 탄생시켰다. (주)안동얼간재비와 (주)안동맛자반, (주)안동간고등어F&B, 안동참간고등어(주), 풍산수산 등의 안동 지역 간고등어 생산업체를 모아 협회를 설립하는 데 견인차 역할을 한 것이다. 또한 (주)베스트엠, (주)다빈이푸드, (주)인정F&B 등 전국을 시장으로 하는 온-오프라인 판매 전문업체 설립의 산파 역할도 했다. 조대표는 취미로 시작한 고등어 사업이 노후를 대비하는 큰 사업이 되었고, 공무원 시절보다 더 보람된 나날을 보내고 있다.

그러나 독립자영업을 하기 위해서는 그에 뒤따르는 위험성을 충분히 검토해야만 한다. 그렇다면 어떠한 점을 고려해야 할까?

첫째, 견실경영을 모토로 삼아야 한다. 은퇴자는 이미 나이가 많기 때문에 실패할 경우 이를 만회할 시간적 여유가 충분하지 않다. 따라서 무모하게 위험을 감수하면서 사업을 크게 일으키려 하기보다 착실하게 사업을 전개해 나가는 것이 중요하다.

둘째, 주위의 협력을 얻어야 한다. 은퇴 후 사업을 하려면 가족과 지인의 양해를 얻고 협력을 구할 필요가 있다. 그래야 만의 하나 문제가 발생하더라도 가족과 지인의 도움을 기대할 수 있다.

셋째, 삶의 보람을 느낄 수 있는 일을 해야 한다. 이때 뜻을 세우고 길을 찾되, 돈이 들어오는 구조로 만들어야 한다. 경제적으로 돈을 번다는 것만이 아니라 삶의 보람을 느낄 수 있는 사업, 즉 충실감을 느낄 수 있는 사업을 해야 한다.

그렇다면 은퇴 혹은 정년 후 창업을 성공으로 이끌기 위해서는 어떻게 해야 할까? 적어도 다음 네 가지 조건을 명확히 해둘 필요가 있다.

첫째, 경영자로서의 자질이 있는가? 사업가·경영자로서의 개인적인 조건, 즉 경영자로서 자질이 있는가이다. 이때 사업 목적이 명확한지 점검한다. 사업 목적으로부터 경영방침과 전략, 목표와 계획이 구체화되기 때문에 그 기본이 되는 사업 목적을 명확히 해두지 않으면 안 된다.

둘째, 사업 내용을 잘 알고 있는가? 사업 경험은 성공하는 데 없어서는 안 될 중요한 요인이다. 관리직이나 기업 내 벤처 부문의 경험이 있다면 유리하다. 사업 경영에 관한 지식이 있는가도 중요한 요소의 하나다.

셋째, 사업을 하려는 욕구가 있는가? 경쟁 상대를 이길 수 있는가? 객관적으로 볼 때 이와 같은 사회적으로 유리한 조건을 갖추고 있는가도 검토한다.

넷째, 자신만의 혁신 노하우가 있는가? 은퇴 후 사업은 혁신 노하우를 가지고 끊임없이 변신하는 과정이다. 변신이 어렵다면 사업을 아예 시작하지 않는 것이 좋다. 자신을 잃어버리게 될 수도 있다.

〈표 7〉 은퇴 후 창업 성공을 위한 4계명

경영자 자질	사업 목적으로부터 경영방침과 전략, 목표와 계획을 구체화할 수 있는 능력
사업 전문성	사업 내용의 전문성과 사업 경험이 있으며 철저한 시장분석
사회적 요구	사회적으로 사업의 필요성, 공익성, 수익모델 등이 있는지 분석
혁신 노하우	스스로 항상 변신하고 혁신할 수 있는 자세

그러면 은퇴 후 창업을 하려면 어떻게 해야 할까? 사업 준비에서 개업에 이르기까지 구체적으로 다음 순서로 진행해 나가면 좋다.

첫째, 정보를 수집한다. 업계 자료와 신문, 전문지, 전문서 등은 물론이고 일반 보도기관, 연수와 강연, 교육·행정기관으로부터 관련 자료를 모두 모은다. 이러한 작업은 직장에 다니고 있을 때부터 꾸준히 해나간다.

둘째, 업종을 선택한다. 정보를 분석하고 어떤 업종에 뛰어들 것인가를 결정한다. 이때 자신이 좋아하는 일과 매치가 되는 업종을 선택해야 성공할 수 있다. 업종의 장점과 단점을 종합적으로, 그리고 신중하게 판단한다.

셋째, 선택한 업종에서 성공하기 위해서는 어떠한 조건이 필요한지, 또 장애 요인은 무엇인지 점검한다. 이때 실무 경험자의 조언을 구하는 것이 좋다. 실제 6개월에서 1년 정도 현장에서 직접 일해 보는 것도 좋다.

넷째, 사업 장소를 물색한다. 임대할 점포를 탐색하고 상품 매입 따위와 같은 상세한 준비 계획을 세운다.

다섯째, 개업까지 해야 할 일은 업종에 따라 차이가 있으나 사업 장소 주위에 개업을 알리는 인사장을 돌리고 종업원의 역할을 분담하는 등 치밀하게 계획을 세운다.

〈표 8〉 은퇴 후 창업 프로세스 5계명

정보 수집	업계 자료와 신문, 전문지, 전문서 등에서 관련 자료 수집
업종 선택	정보를 분석하고 어떤 사업을 할 것인지 결정
성공 학습	선택한 업종에서 성공하기 위한 조건과 장애물 점검
장소 선정	점포 탐색, 상품 매입 등 상세한 준비 계획 세움
홍보 마케팅	사업 장소 주위에 개업 인사장을 돌리고 종업원 역할분담

위 다섯 가지 사항은 은퇴 후 창업을 하려는 사람들뿐만 아니라 자영업을 하려는 사람들에게도 공통으로 필요한 것이다. 위 다섯 가지 수순을 밟아 가는 것이 성공에 이르는 길이라 할 수 있다.

그러나 은퇴 후 창업하는 경우에는 체력적인 핸디캡도 고려해야 한다. 대신 지금까지 배양해 온 지혜와 인맥이라는 재산을 활용한다.

최근에는 1인기업 형태로 창업하는 사례가 늘고 있는데, 자신의 경력을 살린 전문직형 사업이 대표적이다. 전문 농업가공업, 농수산물 인터넷 판매, 비디오 영상편집 사업, 소점포들을 위한 광고 제작, 각종 컨설팅 사업이 대표적인 1인기업형 업종이다. 이러한 1인기업에 도전할 경우, 다음 사항에 유의한다.

첫째, 해당 업종에 대한 전문성을 갖추어야 한다. 해당 분야에 대한 구체적인 전문지식을 갖고 있으면 독자적인 노하우를 통해 사업을 안정적으로 운영할 수 있으나, 그렇지 못할 경우에는 경쟁에서 살아남기 힘들다. 사업환경이 끊임없이 변화하기 때문에 끊임없는 자기계발과 연구로 전문성을 갖추기 위해서 노력해야 한다.

둘째, 영업력을 갖추어야 한다. 아무리 아이템이 좋다고 해도 시장에서 외면을 받는다면 쓸모가 없다. 따라서 적극적인 태도와 원만한 대인관계, 성실성, 치밀한 사전준비 등이 필요하다.

셋째, 고객만족도를 높여 입소문이 나도록 한다. 1인기업의 경우 규모가 작기 때문에 대대적인 홍보를 하기란 쉽지 않다. 따라서 한번 고객은 영원한 고객이 될 수 있도록 고객만족도를 높이고, 이를 바탕으로 기존 고객의 소개로 신규 고객이 늘어날 수 있도록 하는 것이 중요하다.

넷째, 여유 있는 마음자세를 가져야 한다. 대체로 사업 초기에는 홍보에 어려움도 있고 아직 사업 운영이 미숙하여 매출이 저조할 수 있다. 그렇다고 너무 실망하게 되면 사업 의욕 자체를 잃을 우려가 있으므로 사업에 대한 확신을 갖고서 꾸준히 노력하는 자세가 필요하다.

그런데 창업에 도전할 경우, 해당 분야에 아무리 많은 전문지식과 경험을 가지고 있다 하더라도 창업컨설팅회사의 도움을 받는 것이 좋다. 창업은 어디까지나 사업을 벌이는 것이므로 자본조달·입지선정 등 다양한 측면의 경영적 요소를 고려해야 하기 때문이다. 섣부르게 자신의 경험과 기술만 믿고 도전했다가 실패하기보다는 적절한 비용을 지불하고 지원을 받는 것이 성공으로 가는 지름길일 수 있다.

〈표 9〉 1인기업을 창업할 때 주의할 점

전문성 함양	해당 업종에 대한 전문성을 갖추어야 함
영업력 배양	적극적인 태도와 원만한 대인관계는 물론 다양한 인맥을 활용해 마케팅
고객 만족	고객만족도를 높여 입소문이 날 수 있도록 함
여유 있는 마음자세	객관적으로 사업을 판단하고 여유 있는 마음자세를 갖도록 함

은퇴하면 뭐 먹고 살래

부업을
활용하라

우리나라도 지난 2002년부터 주5일 근무 시대가 열렸다. 주5일 근무제가 시행되면서 많은 사람들의 삶에 변화가 생겼다. 이 같은 상황을 잘 활용해 '제2의 인생'을 위해 준비하는 사람들이 차츰 늘고 있다. 10여 년이 지난 지금, 그동안 준비를 해온 사람들과 그렇지 않은 사람들은 확연히 차이가 난다.

보통 40대 중반에서 50대 초반이 되면 대부분의 사람들은 더 이상 이룰 것이 없거나 이룰 수 없는 최고의 상태에 도달한다. 이는 곧 조기퇴직을 해야 하는 상황에 처하게 됐다는 말에 다름 아니다. 이에 따라 현재 직장을 다니고 있어도 부업을 하는 직장인이 갈수록 늘고 있다.

취업포털 인크루트가 2010년 직장인 1074명을 대상으로 조사한 결과에서도 이 같은 사실은 확연히 드러난다. 응답자의 18.2%가 부업을 하는 것으로 나타난 것이다. 투잡족의 비율은 2008년 조사에서는 12.9%로 10명 중 1명 꼴이었지만 2009년에는 15.5%로 늘어나는 등 꾸준히 상승세를 보이고 있다. 2008년 글로벌 금융위기를 거친 기업들의 긴축경영 여파로 '집안 경제'가 어려워지면서 직장인들이 너나없이 부업을 찾고 있는 것이다.

투잡족의 92.3%는 본업 말고 한 개의 부업을 하고 있지만, 심지어 2개 (5.1%) 또는 3개(2.6%)의 부업을 하고 있다는 응답도 있었다. 직장인들이 부업 전선에 나서는 이유로는 '물가가 올라 생활비가 부족해졌다' (31.8%)는 응답이 가장 많았고, '수입이 줄어 부족분을 보충하기 위해서' (17.4%)라는 답변이 뒤를 이었다. 절반에 가까운 49.2%가 경제적인 이유로 투잡을 선택했다는 말이다. 이밖에 '자기계발'(12.3%)이나 '창업 준비를 위한 자금 마련'(11.3%) '퇴직 후 대비'(10.3%), '취미와 여가활동' (7.2%)이라는 답도 있었다. 부업을 통해 얻는 수입에 대해서는 35.9%가 주 수입의 11~20% 수준이라고 답했지만, 부업으로 주 수입의 51~60%를 번다는 사람도 8.2%나 됐다.

이러한 설문조사 결과에서 보듯이, 직장인들이 투잡을 하는 이유는 자아실현이나 사회적 역할 같은 전통적 직업관보다는 소득의 원천으로서의 의미가 더 큼을 알 수 있다.

그런데 앞으로 직장인들의 가장 일반적인 부업 형태는 자신의 업무상 강점과 경험을 활용한 콘텐츠를 만들어내는 일이 될 것이다. 콘텐츠 제작은 인터넷이나 이동통신 등에 필요한 전문지식과 오락·정보 등을 제작하는 것으로, 콘텐츠가 미흡한 우리나라 상황을 고려할 때 향후 성장 가능성이 높은 분야라고 할 수 있다. 물론 이러한 사업은 본격적으로 하는 것이 바람직하지만, 직장인들이 근무시간 이후에 시간을 내 쉽게 참여할 수 있다는 점에서 최적의 부업이라 할 수 있다. 나아가 콘텐츠에 어느 정도 자신이 생기고 전자상거래와 연결할 수 있는 분야라면 쇼핑몰을 개설하여 운영하는 것도 생각해 봄직하다.

그러나 부업의 부작용도 만만치 않다는 사실을 유념해야 한다. 부업을 하는 직장인들 대부분이 휴식을 제대로 취하지 못하여 직장에서 졸거나 지각하는 것은 예사이고 결근하는 경우도 종종 있기 때문이다. 이러한 경우 부업으로 인해 현재의 직장에서 문제가 야기되어 미래가 아닌 현재의 안정성이 흔들릴 수도 있다.

따라서 부업을 통해 미래를 준비하려 한다면 본업에 지장이 없도록 절제할 필요가 있다. 어디까지나 중요한 것은 부업이 아닌 본업임을 명심해야 한다.

그리고 부업을 선택할 때는 돈을 따라가서는 망하기 십상이라는 점을 유념해야 한다. 스스로 적성도 맞고 자질도 있으며, 하고 싶은 분야를 선택하는 것이 중요하다. 그래야만 은퇴 후에도 지속할 수 있기 때문이다.

4부

노후자금을 모으는 것이 은퇴 준비의 전부는 아니다

# 은퇴를 어떻게
받아들일 것인가

우리 인생을 크게 3등분한다면 태어나서 배우는 시기, 가족과 사회를 위해 열심히 일하는 시기, 후배들을 도와주며 지혜를 나누어 주는 은퇴 이후 시기로 나눌 수 있다. 그러나 정작 은퇴를 앞둔 이들은 은퇴 준비를 어떻게 하고, 앞으로 남은 생을 어떻게 살아가야 하는지 잘 모른다.

은퇴 후 행복하고 보람되게 살 수 있는가 없는가는 '지난날 어떤 성과를 남겼느냐'보다 '은퇴 이후 삶의 가치를 어디에 두느냐'에 달려 있다. 청장년기의 삶이 비록 좌절과 실패의 연속이었다 해도 은퇴 후 삶의 가치를 어디에 두느냐에 따라 삶의 질이 달라질 수 있다. 이때 미리 준비한 사람과 준비하지 못한 사람의 차이는 크다. 그런 점에서 은퇴 이후 삶에서 비전과 가치를 찾는 것이 무엇보다 중요하다.

은퇴 이후 삶에서 또 하나 중요한 것은 자기 손에 쥐고 있는 것들을 언제 놓아야 하는지를 아는 것이다. 노년의 인생을 보다 성숙하고 훌륭하게 살아가는 지혜는 다름 아닌 '버리는 것'이다. 미움을 버리고, 욕심을 버리는 것이다. 대신 너그럽게 용서한다. 지금 어떤 조건에 있건 자신의 의지와 선택 여하에 따라 은퇴 후의 삶은 외롭고 쓸쓸할 수도 있고, 즐겁고 보람찰 수도 있다.

아름다운 은퇴 생활을 위한 8원칙

1. 보람으로 살아갈 준비를 하자.

준비된 은퇴는 외롭지 않다. 보람된 일을 찾아 하자. 노년에 존경받을 수 있고, 또 자신감을 가질 수 있는 일을 하자.

2. 돈 앞에 비굴하지 말자.

돈이 모든 것을 해결해 주지 않는다. 돈 없이도 찾아보면 사는 재미는 얼마든지 있다. 굳이 없는 돈의 노예가 되어 살지 말자. 누구나 한 번 죽는 것이 세상 이치다. 돈은 삶의 윤활유일 뿐이다.

3. 시간을 잘 활용하자.

은퇴 후 삶은 시간 활용을 잘 한다면 많은 사람에게 도움을 줄 수 있다. 남아도는 게 시간이라고 생각하지 말자. 노년의 시간은 보석같이 귀하다.

은퇴하면 뭐 먹고 살래

4. 모든 것을 주고 떠나자.

미움과 증오에서 벗어나면 용서하고 베풀 수 있게 된다. 죽음 앞에서 움켜쥐고 있을 것은 아무것도 없다. 잊고 용서하자.

5. 언제 죽더라도 담담하게 받아들이자.

죽음은 삶의 종착역이다. 종착역에 도착하면 당연히 내려야 한다. 내리지 않으려 떼쓸 것이 아니라 내릴 준비를 하고 잘 내리자. 그것이 자식과 지인들에게도 부담을 주지 않는 길이다.

6. 하고 싶었던 일을 하자.

젊어서 못했던 일을 은퇴 후 하려면 어려울 수도 있다. 제약 요소들이 많을 것이다. 그러나 한 번뿐인 인생의 마지막 기회일 수도 있다. 꼭 해보자.

7. 웃으며 생활하자.

항상 웃으며 생활하자. 긍정적인 자세로 웃으며 봉사하자. 또 웃으면서 자신의 이야기를 하자. 은퇴 후 노년을 스마일로 지키자.

8. 일과 취미와 봉사를 병행하자.

가급적 취미가 노년에 소일할 수 있는 일거리가 되고, 이것이 발전해 봉사로 연결될 수 있도록 하자. 이것이야말로 노년을 행복하게 살 수 있는 길이다.

무엇이 행복한 은퇴에 이르는 길인가

정치인, 종교인, 판사, 변호사, 의사, 교수, 공무원, 예술가, 장인, 농부, 연예인……. 소위 말하는 좋은 직업을 가졌다고 해서 그 사람이 행복한 것은 아니다. 직업과 조건이 바로 행복과 직결되는 것은 아니라는 말이다. 행복은 주어지는 것이 아니라 스스로 만들어 가는 것이기 때문이다. 여러 좋다는 직업을 가진 사람들 중에 불행한 사람들도 많다. 행복은 객관적인 조건에서 오는 것이 아니라 주관적인 판단이다.

행복한 사람들을 보면 대체로 다음과 같은 특성을 갖고 있다.

－품성이 관대하며 자신의 생활에 만족한다.
－소속 집단에서 인정받고 있다.

－남과 비교하지 않으며 긍정적인 사고를 한다.

－단순하고 소박하며 느림의 미학을 존중한다.

－비전을 갖고 있되, 목표를 조절해 나간다.

－늘 웃는, 정서적으로 안정된 사람이다.

－승리를 위해 지나친 경쟁은 자제한다.

행복지수는 개인의 성격에 달렸다는 아주 평범한 진리를 보여주는 것들이다. 행복은 거창한 이념이나 물리학의 법칙처럼 어려운 것도, 인도 철학처럼 심오한 것도 아니다. 자신이 행복하다고 느끼면 행복한 것이다. 남들과 비교하고 경쟁해서는 행복해질 수가 없다.

행복에 이르는 길은 결코 천 리를 돌아가는 먼 길이 아니요, 숨차게 올라가야 하는 태산 길도 아니다. 외진 골목길은 더욱더 아니다. 행복에 이르는 길은 돈을 버는 것보다도 쉽다. 누구나 알 수 있고, 갈 수 있는 쉬운 길이다.

행복은 공짜로 얻을 수 있는 것도 아니지만, 그렇다고 값비싼 대가를 치러야 살 수 있는 것도 아니다. 행복은 파랑새처럼 우리 생활 주변에 언제나 존재한다. 행복을 찾는 것도, 찾지 못하는 것도 자신에게 달려 있다. 우리는 행복해질 권리와 의무가 있다. 우리가 행복을 신택하지 않는 것은 인생에 있어 직무유기이자 자기부정이다.

그런데 행복하려면 최소한의 자립 체계를 갖춰야 한다. 또한 확고한 자기 철학을 갖고 있어야 한다. 이와 함께 상황이 변화하면 현실을 받아들일 줄 아는 유연함이 있어야 스트레스를 덜 받고 행복해질 수 있다.

과거의 어른들은 자식들의 부양을 받으며 집 안에서 평안한 여생을 보내는 것이 '행복한 노년'이었다. 하지만 지금의 실버 세대는 은퇴 후에도 사회의 일원으로 남기를 원한다. 자신이 갖고 있는 전문 지식 또는 기술로 사회를 돕는 삶을 사는 것이 '행복한 노년상'의 모델로 바뀌고 있는 것이다.

그러면 은퇴 후 행복하게 살기 위해서는 어떻게 해야 할까?

첫째, 건강해야 한다. 그러기 위해서는 무엇보다도 잘 먹고, 또 매일 조금씩 운동해야 한다. 건강은 건강할 때 챙겨야 한다. 밥만한 보약이 없다. 밥상이 약상이 되도록 농약이나 식품첨가제, 외국산 유전자변형식품으로 가득 차려진 밥상을 거부하고, 우리 전통의 바른 먹거리가 담긴 소박한 밥상을 즐겨야 한다.

둘째, 생활하는 데 필요한 최소한의 돈이 있어야 한다. 영혼의 무게는 사랑으로 평가되지만 현실의 무게는 돈으로 판단된다. 그렇다면 얼마나 있어야 할까. 노년에 궁상떨면서 남들에게 손가락질받지 않을 정도면 족하다. 스스로 삶의 무게를 감당할 수 있을 정도면 된다는 것이다. 노년의 재산은 쓰기 위한 것이다. 설령 돈이 없다고 해도 기죽지 말자. 어느 정도의 불편은 당당하게 감수하라는 것이다. 노년의 절약은 더 이상 미덕이 아니다. 돈을 잘 쓰는 것도 중요하다. 돈은 삶의 윤활유 역할만 한다는 것을 명심하자. 욕심과 범주를 좁히면 적은 돈으로도 만족할 수 있다.

셋째, 마음이 편해야 한다. 세상사 마음 먹기에 달렸다는 진리를 가슴속에 새길 필요가 있다. 모든 것을 잊고 용서하자. 마음속 깊은 곳에 있는 미움의 싹을 버리자. 미움의 싹이 커져 나무가 되면 뒷감당하기도 어렵고 스스로를 파멸로 이끌 뿐이다. 절대로 남과 비교하지 말고 자신의 삶을 감사하게 생각하자. 매사 세상의 잣대로 저울질하다 보면 불행해지기 십상이다.

넷째, 세상사를 웃으면서 즐기자. 웃자. 웃으면 복이 온다. 복이 오면 웃는다는 사람은 인생의 실패자이고 낙오자가 되기 십상이다. 행복해야 웃는 것이 아니라 웃으면 행복해진다는 것을 가슴 깊이 새기자. 이와 함께 이 세상에 대한 미련과 욕심을 하나씩 내려놓는 연습을 하자. 자녀도 성장하면 남이다. 집착을 버리자. 무엇보다도 화려했던 옛날은 잊어버리자. "왕년에 내가 말이야~" 하며 향수에 빠지는 일은 현실만 고달프게 할 뿐이다. 남들이 인정해 주지 않는 영화(榮華)란 존재하지 않는다. 빨리 잊고, 웃으면서 날려 버리자. 젊은 날의 부질없는 영화처럼 말이다.

다섯째, 고독과 소외로부터 벗어나 집단 활동에 참여하자. 자신이 좋아하고 잘 할 수 있는 일에 적극 참여하자. 끼워 주지 않는다고 지레 포기하지 말고 먼저 참여하겠다고 말하자. 세상에 할 수 있는 일은 많다. 앞장서려 하지 말고 뒤에서 돕자. 앞장은 젊은이들에게 서게 하고 공(功)도 젊은이들에게 돌리자. 함께 할 수 있다는 게 좋은 것이고, 같이 느낄 수 있다는 게 행복한 것이다.

이 다섯 가지 실천 강령을 행동으로 옮기다 보면 절로 행복해질 것이다. 남들과 절대 비교하지 말자. 짜증내고 칭얼거리지도 말자. 짜칭남비(짜증과 칭얼, 남과 비교)를 하지 않는다면 행복 근처에는 갈 수 있다. 절대로 짜증과 칭얼을 남비(냄비)에 넣고 끓이지 말자. 만약 끓이더라도 넘치게 해서는 안 된다. 주변 사람들의 행복까지도 빼앗아 간다.

새로운 행복을 찾아 떠나는 여행, 은퇴

은퇴는 새로운 행복을 찾아 떠나는 출발점이 되어야 한다. 은퇴가 인생 막장이고 사회생활 끝이라고 생각해선 절대 안 된다. 만약 그렇게 생각한다면 그렇게 될 수밖에 없다. 사람은 누구나 미래에 대한 기대를 갖고 살길 원한다. 그래서 힘든 일이나 고통도 인내하며 사는 것이다. '앞으로는 좋아지겠지', '미래에는 내가 하고 싶은 일을 하면서 살 거야', '지금은 힘들더라도 참고 견디며 돈을 모아야지', '건강을 지키며 가족과 이웃을 도와야지' 등…… 이 모든 희망의 미래가 바로 은퇴 이후의 삶이다.

자의로 은퇴했건, 떠밀리듯 명퇴나 황퇴를 당했건 은퇴할 시기에 이르렀다면 우리가 기대하며 준비해 온 미래의 시기에 도달한 것이다.

하지만 이러한 상황은 기대했던 것보다 훨씬 허무하고 쓸쓸할 것이다.

은퇴하면 뭐 먹고 살래

마치 연극이 끝난 후 무대옷을 벗고 혼자 집에 가는 기분일 것이다.

"만족하는 욕망이란 없다" 혹은 "못한다는 말은 하기 싫다는 것이다"는 말을 기억하자. 은퇴를 준비할 때는 사고의 일대 전환이 필요하다. 은퇴는 완전히 새로운 삶의 시작이므로 계획을 다시 세워야 한다. 새 술은 새 부대에 넣어야 맛이 있다. 과거 몇십 년 동안 어떻게 살았는지는 중요하지 않다. 청장년기의 생활은 사전 속의 단어 정도로 참고만 한다. 은퇴 이후의 생활은 행복을 찾아 떠나는 여행이 되어야 하기 때문이다. 단, 떠나기 전에 건강·가족·취미·친구를 챙겨서 가자. 이 네 가지는 죽는 날까지 큰 위안과 힘이 되어 줄 것이다.

은퇴는 사회에서의 퇴출이 아니라 자신과 배우자를 위한 새로운 세계에 대한 도전이다. 해방의 자유로움을 만끽할 수 있는 새로운 삶을 시작하기 위해 지금까지 짊어지고 있던 무거운 짐을 벗는 행사가 바로 은퇴다.

새로운 삶을 시작할 준비가 덜 되었다고 초조해하지 말자. 우리가 이세상에 태어날 때도 완벽하게 준비를 해가지고 태어난 게 아닌 것처럼 이제부터 다시 배우고 재미있게 살아가자. 중요한 것은 넘어지고 쓰러져도 다시 일어서는 용기다.

은퇴하기 전에 꼭 알아야 할 6가지 비밀

은퇴를 한다고 해서 당장 무슨 큰일이 벌어지는 것은 아니다. 그런데 왜 대책을 세워야 하는 것일까. 흔히 하는 이야기지만 개구리를 통 속에 집어넣고 서서히 가열하면 뛰쳐나오지 못하고 죽는 이치와 같다. 한마디로 행복한 노후를 보내기 위한 준비를 하자는 것이다.

은퇴 기간이 길어진 것은 분명 축복이다. 하지만 준비 안 된 이들에게는 불행일 수도 있다. 어떻게 노후를 즐기며 살아가느냐가 문제다. 적어도 20~40년을 실버 세대로 살아가려면 준비가 되어 있어야 한다. 그 준비는 노년이 된 후에 할 수 있는 것이 아니다. 미리 은퇴의 의미를 알고 차근차근 준비하는 자야말로 현명하고 지혜로운 사람이다.

1. 은퇴 준비는 되도록 일찍 하자.

은퇴 준비에 시간과 에너지를 투자한 만큼 은퇴 후 삶은 여유로워질 것이다. 그렇다면 되도록 일찍 대비하는 것이 현명하다. 이때 은퇴 후 삶의 의미와 가치를 어디에 둘 것인지 생각하고 준비해야 한다. 은퇴는 우리 인생의 결실기라고 할 수 있다. 하지만 우화 「개미와 베짱이」의 베짱이처럼 아무 준비 없이 겨울을 맞는다면 불행해질 게 뻔하다. 자신의 은퇴가 풍요로운 결실이 될지, 외롭고 쓸쓸한 은퇴가 될지는 결국 자신이 정하는 것이다. 따라서 일찍부터 평생 지속할 수 있는 일과 취미를 찾고 건강과 가족을 챙기는 것은 물론, 노후자금을 마련하는 것이 편안한 노후를 보낼 수 있는 방법이다.

2. 가족과 은퇴에 대해 상의하자.

은퇴는 자기 혼자만의 문제가 아님을 절대 잊지 말자. 은퇴는 가족에게도 아주 중요한 문제다. 가족에게 자신의 생각을 알리고 은퇴 후 구상을 같이 해보자. 이때 가장 먼저 결정해야 할 것은 뭘 먹고 살 것인가와 어디서 살 것인가이다. 어디서 누구와 무엇을 먹고 살 것인가를 결정해야 한다. 큰 돈 들이지 않고 편안하게 살다가 생을 마칠 수 있는 곳을 정하는 것이다. 기존에 살던 곳에서 평생을 살 수 있다면 복 받은 것이다. 자식들

은퇴하면 뭐 먹고 살래

과 같이 살 것인지, 아니면 떨어져 살 것인지도 정한다. 떨어져 살 경우, 얼마나 떨어져 살 것인지도 결정한다.

3. 은퇴 후 돈의 소요와 액수를 구체적으로 정하자.

필요한 자금을 어떻게 마련할 것인가도 계획해야 한다. 저축은 쓰고 남는 돈을 모으는 것이 아니다. 저축하려면 현재 생활의 어느 한 부분의 필요를 줄여야 할 수도 있다. 따라서 인내와 희생이 요구된다. 현재 베이비붐 세대는 집과 자식에 대한 투자가 지나칠 정도로 많다. 이 부분을 적정한 선으로 줄이고 살아가는 지혜와 용기가 필요하다. 막연히 부자가 되기 위해서 돈을 모으는 것은 어려운 일이지만, 은퇴 자금을 마련하기 위해 차분히 계획하는 것은 합리적이고 바람직한 일이다. 지출의 우선순위를 냉정하게 판단하는 것이 슬기며, 미래를 위한 투자를 과감히 하는 것은 용기다.

4. 건강과 친구는 미리 챙기자.

똑같은 상황에서도 행복하다고 느끼는 사람이 있는가 하면 불행하다고 여기는 사람이 있다. 이 세상에 믿음이 없는 자의 행복이란 없다. 건강은 오래 사는 것만을 의미하지는 않는다. 육체적으로 질병이 없는 것은 물론 정서적으로도 안정되고 긍정적인 삶을 살아야 심신이 건강하다고 말할 수 있다. 그래야만 은퇴 후에도 큰 어려움 없이, 그리고 행복하게 살 수 있다. 행복은 일정 시간 후에 찾는 것이 아니라 생활 속에서 묻어나는 것이다. 아주 사소한 일에서도 행복을 느낄 줄 아는 여유를 갖자.

은퇴 후에 어울리는 친구나 친지, 이웃은 과거 함께 일했던 직장 동료들과는 다를 수 있다. 되도록 폭넓게 교제해야 한다. 단순한 술친구가 아나라 어려움을 함께 나눌 수 있는 진실한 벗을 다방면에 걸쳐 사귀어 두는 것이 좋다. 클럽이나 동호회 활동을 하면 큰 도움이 될 것이다. 나이가 들수록 새로운 친구를 사귀는 것이 어렵기 때문이다. 특히 60이 넘게 되면 새로운 친구와 교제하는 것이 무척 힘들다는 이야기를 많이 한다.

5. 긴 안목으로 재산을 모으자.

30~40년 계획을 세운다면 너무 어려울 수 있다. 한국사람의 성급한 성격과 장기투자는 잘 어울리지 않아 보이기도 한다. 하지만 지난날의 경제개발 5개년계획처럼 긴 안목으로 장기 목표를 세우고 구간별 계획을 세워 퍼즐을 맞춰 나가듯 하나하나 실행해 나간다면 그리 어려운 일이 아니다. 자신에게 맞는 투자 방법을 선택해 안정된 노후생활 자금을 마련한다. 저축·부동산·증권·펀드 어느 것이나 은퇴라는 장기적인 목표 아래 추진한다면 성공할 수 있는 일반적인 방법들이다. 은퇴 자금은 중도에 해약이나 인출을 할 수 없는 연금이나 보험상품으로 하는 것이 현명하다. 살다 보면 여러 가지 어려움을 당하게 되는데, 이때 해약의 유혹을 뿌리치기 힘들기 때문이다.

6. 평생 할 수 있는 일을 찾자.

평생 직업을 찾자. 무엇이든 좋으니 다른 사람과 차별화되고 자신만이 할 수 있는 일을 찾자. 굳이 은퇴 후가 아니더라도 자신이 온전히 몰입할 수 있는 일이면 좋다. 삼매경에 빠질 수 있고 보람을 느낄 수 있는 일은 삶의 질 또한 높인다. 그것이 골프나 수영 같은 운동일 수도 있고, 원예나 농사 같은 일일 수도 있으며, 창조력을 발휘하는 예술일 수도 있다. 아니면 봉사활동일 수도 있다.

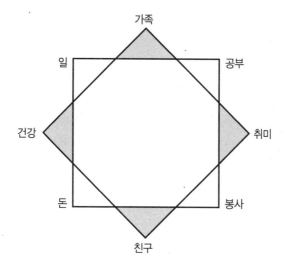

〈그림 1〉 은퇴 후 행복을 제공하는 8요소

물론 은퇴 후에 돈을 계속 벌어야 할지, 취미나 여가생활만 하며 살 수 있을지 검토해야 한다. 경제력이 튼튼하지 않다면 은퇴 후에도 계속 일할 수 있는 직업을 찾아야 한다. 이때 중요한 것은 자신이 좋아하는 일이면서도 수입과 연결되어야 한다는 것이다. 그러기 위해서는 자신이 하고 싶고, 잘할 수 있는 일을 선택해야 한다. 이제 평생직장 시대는 가고 평생직업의 시대가 오고 있다.

은퇴 후 '돈!' 어떻게 바라보아야 하나

대부분의 사람들은 돈도 별로 벌어 놓지 못한 상태에서 은퇴를 해야만 한다. 상황이 그렇다 보니 은퇴가 가까워지면 시름이 깊어질 수밖에 없다. 앞으로 어떻게 해야 하나, 뭘 먹고 살아야 하나, 특별한 묘안이 없을까……. 밤낮을 가리지 않고 자나깨나 고민을 한다.

분명한 것은 특별한 묘안이 없다는 것이다. "현재에 만족하고 살아라", "있는 그대로의 인생을 받아들여라", 또는 "환경에 순응하고 생긴 대로 살아라." 약올리는 것이 절대 아니다. 섭섭하겠지만 복권에 당첨되는 따위의 특별한 경우가 아니면 은퇴 시점에서 경제 사정을 갑자기 상위 1% 안으로 급상승시킬 방법은 없다.

그렇다면 차라리 마음을 바꾸는 것이 좋지 않을까. 허황된 꿈을 버리

은퇴하면 뭐 먹고 살래

고 마음을 비우면 새로운 세상이 나타난다. 경제적으로 풍요롭지는 못하겠지만 작고 소박한 즐거움을 느낄 수 있는 세상을 만들고 가꾸어 나가는 것이다. 그러면 화려한 소비생활 못지않은 즐거움이 기다린다. 세상사 생각하기 나름이다.

돈을 모아 놓지 못했다고 해서 사회의 죄인이 아니다. 돈이 없어도 당당해야 한다. 자신있게 행동하자. 돈이 있으면 물론 좋을 것이다. 돈이 없으면 모든 게 끝장이라는 절망감에서만 벗어난다면 세상은 별것 아니다. 돈을 벌어 놓지 못했으니 모든 것을 잃은 것이라고 자조 섞인 푸념은 하지 말자. "내 인생은 실패한 인생이다"라고 결론짓지 말라는 것이다. 불행은 가능성이 없는 데서 비롯된다. 희망의 가능성을 열어놓고 그 빛을 받아들일 마음의 준비를 하자.

돈은 하나의 필요조건이지 충분조건이 아니다. 돈을 최우선 순위에 두고 살아왔기 때문이지, 나머지 요건들이 결코 가벼운 것은 아니다. 가장 행복하게 사는 길은 여러 가치를 조화롭게 받아들이는 것이다. 돈·가족·일·친구·취미·건강·공부 등을 자신에게 맞게 잘 관리하는 것이다. 결국 행복이란 자신과 가장 잘 어울리는 교집합을 만드는 것이다. 그 중 한두 개가 부족하다고 불행해지는 것이 결코 아니다. 완벽을 추구하다 보니 그렇게 느껴지는 것일 따름이다.

스트레스는 만병의 근원이다. 스트레스는 당혹스러운 일들이 일정기간 지속되거나 그럴 가능성이 있을 때 나타나는 현상이다. 사회의 이러저러한 속박은 온갖 스트레스를 낳는다. 따라서 은퇴 후에는 스스로 속박의 굴레에서 벗어나 자유롭게 살아가는 것이 필요하다. 다른 사람의 간섭을 받지 않고 자신의 뜻대로 사는 것이 행복일지도 모른다. 그렇게 하자면 사람이 적은 농·산·어촌으로 내려가 사는 것이 도시에서 사는 것보다 좋을지 모른다. 이에 전적으로 동의하지 않는다 할지라도 어느 정도 일리가 있는 말이다.

우리는 돈 많은 재벌이나 갑부 혹은 높은 지위와 권력을 가진 사람들이 모르는 행복을 찾고 즐겨야 한다. 그들과 다른 삶이 있다는 것을 인식하고 그 기쁨을 만끽할 줄 알아야 한다는 것이다. 그러기 위해서는 작고 사소한 일에서도 행복을 느낄 줄 아는 훈련을 해야 한다. 어떤 것이든 훈련이나 연습 없이 얻을 수 있는 것은 없다.

행복은 욕구 충족이나 감각적 쾌락, 소유의 즐거움이 아닌 내면의 성찰에서 온다. 욕구 충족이나 쾌락, 행복은 결코 같은 차원의 기쁨이 아니다. 기쁨의 위계는 고저가 아니라 수평이다. 없어도 행복할 수 있다는 말이다. 물질 위주의 자본주의 가치관에서 벗어나 스스로 안빈낙도의 철학을 가지면 행복에 도달할 수 있다. 결코 부자나 권력자에게 줄서서 그에 기대는 초라한 삶을 살지 말자. 한 번뿐인 인생이 행복하고 보람 있어야 하지 않겠는가. 자신을 서열화의 노예로 전락시켜 인생을 끝내는 것은 너무 초라하지 않은가.

그러기 위해서는 과욕과 쾌락을 자제해야 한다. 향락은 또 다른 쾌락을 부르고, 욕심의 늪에 빠진 자는 그곳에서 헤어 나오기가 쉽지 않기 때문이다. 끝없는 향락을 탐하고 또 소유를 하려면 억만장자가 아니면 안 된다. 은퇴 후 이런 삶을 살 수 있는 사람은 전 인구의 1%도 안 된다. 또 그렇게 사는 것이 결코 행복한 것도 아니다. 허망한 꿈을 좇는 자는 건강한 사람이라고 볼 수 없다.

우리가 중요하게 생각해야 하는 것은 행운이 아니라 행복이다. 행운은 은퇴 후의 인생과는 거리가 멀다. 많은 변화와 가능성, 기회 속에 행운이 숨어있기 때문이다. 하지만 행복은 우리가 어떻게 생각하느냐에 따라 주변에서 얼마든지 찾을 수 있다.

세계에서 행복지수가 제일 높은 나라는 돈이 많은 미국이나 스위스가 아니다. 못살고 기아에 허덕이며 여러 위협 속에 살아가지만 공동체성이 남아 있고 소박하게 웃으며 살아가는 나라다. 예를 들어 행복지수가 가장 높은 나라 중에 방글라데시와 남태평양의 작은 섬나라 바투아투가 있다. 행복은 크고 멋진 그릇에만 담겨 있지 않다는 것을 안다면, 또 누구나 한 번 죽는다는 것을 인식하고 있다면, 행복찾기는 그리 어려운 일이 아니다.

독일의 생태학자 마리아 미즈가 벤홀트 톰센와 함께 쓴 『자급의 관점 : 세계화된 경제를 넘어서』 서문에는 의미심장한 일화가 실려 있다.

1995년 4월 중국 베이징에서 '유엔 세계여성회의'가 열리기 전, 당시 미국의 퍼스트레이디인 힐러리 클린턴이 방글라데시를 방문했다. 자신이 후원자로 있는 그라민은행(Grameen Bank : 빈민을 위한 무담보 소액대출은행. 2009년 노벨평화상 수상)이 얼마나 잘 운영되고 있는지 확인하고 싶었기 때문이다. 방글라데시 마이샤하티 마을에 도착한 힐러리는 그 마을 여성들에게 이것저것을 물었다.

힐러리 : "이제 여러분들 각자 재산과 수입이 있나요?"
주 민 : "네, 이제 우리 자신의 수입이 있어요."
주 민 : "아파(자매)님, 저희를 후원해 주셔서 정말 고맙습니다."

그들은 얼마간의 '자산'도 갖고 있다고 말했다. 암소·닭·오리 등이었다. 아이들도 학교에 다니고 있다고 말했다. 이러한 대답을 듣고 힐러리는 무척 흡족해했다. 마이샤하티 마을에서 여성들의 힘이 커진 것에 힐러리는 고무되었다. 이제 방글라데시 여성들이 질문하고, 힐러리 자신이 대답해야 할 차례가 되었다.

주　민 : "아파(자매)님, 당신은 암소가 있어요?"

힐러리 : "아뇨, 나는 암소가 없는데요."

주　민 : "아파님, 당신은 자기 소득이 있나요?"

힐러리 : "실은, 전에는 내가 직접 벌었어요. 남편이 대통령이 되어 백악관으로 옮긴 다음부터는 내가 직접 돈 버는 일을 그만두었어요."

주　민 : "아이들은 몇 있나요?"

힐러리 : "딸이 한 명 있어요."

주　민 : "아이들을 더 갖고 싶진 않나요?"

힐러리 : "네, 하나나 둘쯤 더 갖고 싶긴 해요. 하지만 우리는 우리 딸 첼시와 함께 행복하게 지내고 있어요."

마이샤하티 마을 부인들은 서로의 얼굴을 바라보면서 중얼거렸다. "참 안됐네! 힐러리 부인은 암소도 없고, 자기 소득도 없고, 자식도 딸아이 하나뿐이라는군."

방글라데시 농촌 여성들은 암소 한 마리와 닭 몇 마리 그리고 여러 명의 자식들이 있으니 자신들이 힐러리 부인보다 행복하다고 생각하고 있었다. 자립을 하고 있다는 의미다. 그들과 힐러리 사이에 오간 대화는 우리에게 무엇을 말해 주는가? 세상의 행복은 결국 가치관의 차이라는 것이다. 자본주의와 매스컴이 조장하는 상업주의의 늪에 빠진다면 행복은 무지개처럼 결코 잡을 수 없는 신기루가 될 것이다.

은퇴하면 뭐 먹고 살래

돈이 은퇴 준비의
전부가 아니다

우리나라 사람들의 은퇴 준비 패턴은 대동소이하다. 일단 되도록 많은 금액을 투자기관에 맡기면 좋은 투자, 착한 투자가 된다. 투자기관은 어떻게 수익률을 높일 것인가는 말하지 않고 장기투자와 복리가 당신을 행복하게 해줄 것이리고 유혹한다. 돈이 많은 사람들이야 젊은 날부터 안정된 투자기관에 맡겨 놓으니 그들이 부자가 되는 것은 당연하다.

하지만 돈이 별로 없는 일반 서민들은 어떻게 하나. 도대체 얼마를 어떻게 저축해야 하는지, 은퇴 후에는 뭘 먹고 생활해야 할지 답답하기만 하다.

여기서 중요한 것은 자본과 매스컴의 논리에 휘둘려 돈 중심의 늪에 빠지지 않아야 한다는 것이다. 어차피 돈이 없다면 돈 없이도 살아갈 수 있는 방법을 찾아야지 없는 돈을 만들 수는 없다. 설사 만든다고 해도 부자들처럼 살아갈 수 없다. 왜 그런가? 라이프스타일과 문화가 다르기 때문이다.

중요한 것은 돈 없이도 준비할 수 있는 은퇴 후 삶의 계획이다. 은퇴 후 무엇을 하며, 어떻게 살 것인가를 계획하는 것이다. 자신이 하고 싶고, 또 잘 할 수 있고, 약간의 용돈도 마련할 수 있는 일을 찾는 것이다.

방글라데시 사람들처럼 살아가는 것도 아주 좋은 방법이다. "저축을 많이 해놓는다면 아무 걱정 할 것이 없다"고 생각한다면 그 사람은 돈의 노예라고 할 수 있다. 돈도 중요하지만 건강·가족·일·친구·취미·공부 등 중요한 것이 너무 많다.

졸저 『3천만원으로 은퇴 후 40년 사는 법』에서 줄기차게 주장한 것이 바로 적은 돈으로 농촌에 가서 농약 쓰지 말고 건강한 먹거리를 생산해서 도시의 지인과 친인척에게 공급하라는 것이다. 월 100만 원의 수입만 있다면 부부가 농촌 생활을 하는 데 큰 어려움이 없다. 적당히 여유 가지고 생활할 수 있다는 말이다. 가까운 지인과 친인척에게 1년에 100만 원가량 받고 그들에게 안전하고 안심할 수 있는 농산물을 공급해 주자. 봄에는 산나물도 보내주고 늦봄에는 매실이나 오디 엑기스도 보내 주자. 여름 휴가 때는 농촌으로 초대해 닭도 잡아 주고 밤새워 별을 헤며 지난날을 노래하자. 가을이면 내려와 같이 김장을 해서 갖고 가게 하자.

이 모든 것이 100만 원이라면 결코 비싼 것이 아니다. 누구나 납득할 수 있다. 그리고 서로에게 도움이 된다. 서로 도움되는 일을 하고 이웃을 도와주는 것이 은퇴 후 아름답게 사는 길이다. 방글라데시 사람들이 생활하는 방식이나 은퇴 후 필자가 제시한 방법은 큰 차이가 없다. 스스로 자립과 자활을 하자는 것이다.

무농약으로 농사를 지으니 밥이 보약이고, 밥상이 약상이다. 현대병을 예방해 주는 불로초인 셈이다. 병원 갈 일이 없도록 하는 것이 예방의학의 첫걸음이라고 했다. 우리가 조금만 다르게 보고 생각한다면 많은 부분을 변화시킬 수 있다. 획일화·통속화·상업화의 마수에 절대 빠져들지 말자. 이것에서 벗어난다면 행복하게 살 가능성이 훨씬 높다.

은퇴 후 중장년기 직장 생활과 달리 삶을 즐기려면 미리 계획하고 준비해 두어야 한다. 즉, 자신이 정말로 하고 싶은 일이 무엇인지, 그리고 실현 가능한지 미리 알아보고 계획해야 한다. 필요한 지식도 미리 익히고 비용도 계산한다.

그렇다면 은퇴 후 돈은 얼마나 있어야 할까? 그야 많을수록 좋다. 그 정도의 은퇴 계획은 계획이 아니다. 돈이면 뭐든 다 해결할 수 있다는 통속한 졸부의 생각이다. 단도직입적으로 말해 이런 사람은 은퇴를 위해 아무 계획도 세우지 않은 것이다.

준비된 자만이 은퇴 후 삶을 풍족하고 윤택하게 살 수 있다. 돈은 그저 여행지로 갈 수 있는 교통수단에 불과하다. 중요한 것은 목적지에 빨리 가는 것이 아니다. 목적지에서 무엇을 어떻게 하고, 얼마나 즐거운가이다.

목적지나 프로그램도 정하지 않고 "그저 좋은 차만 있으면 된다"는 생각은 난센스다. 설령 벤츠가 있어도 여행지에서의 프로그램이나 지식과 지혜, 활용 방안, 시간, 멤버, 분위기 등이 맞아야 즐거울 수 있다.

물론 돈이 많다면 좀 더 효과적일 수는 있다. 하지만 돈 말고도 여러 조건이 충족되어야 행복해질 수 있다. 야외에 나가서 음식을 근사하게 만들었는데 소금이 없어 간을 못했다면 그보다 큰 낭패가 어디 있겠는가.

풍요로운 은퇴는 젊은 시절의 결심에 달렸다

시테크다, 재테크다, 노(老)테크다 해서 직장인들은 새해만 되면 언제나 새롭게 각오를 다진다. 하지만 대부분 작심삼일 되기 일쑤다. 초심을 끝까지 잃지 않고 유지한다는 것은 그만큼 어려운 일이다.

노테크에서 가장 중요한 것은 어떤 상품을 선택하느냐, 어디에 투자하느냐가 아니라 어떻게 살 것인가를 결정하는 것이다. '자본주의의 천국'이라는 미국에서도 2%가량의 사람만이 노후에 누구의 도움 받지 않고 경제적으로 독립해서 살아간다. 이들의 관점에서 본다면 나머지 98%의 사람들은 불행하다.

하지만 인생의 목표를 바꿔 새로운 삶을 기획한다면 지금까지와는 전혀 다른 신세계가 펼쳐질 것이다. 끈기있게 할 수 있는, 자기가 좋아하는

은퇴하면 뭐 먹고 살래

일을 선택하자. 그리고 최선을 다하자. 살다 보면 누구나 우여곡절을 겪게 마련이다. 지금까지 순탄한 삶을 살았다 할지라도 한두 번 어려움은 겪게 된다.

은퇴 준비는 지금까지 살아온 삶을 가늠해 보고 은퇴 후 삶에 얼마나 비중을 두어야 하는지 미리 계획을 세우는 것부터 시작해야 한다.

여유롭게 은퇴를 준비하기란 사실상 어렵다. 아주 안정된 삶을 살거나 상당한 성취를 이룬 사람들은 그리 어려운 일이 아닐지 몰라도, 대부분의 사람들은 당장 오늘 해야 할 일들이 너무 많다. 더욱이 자금 문제에서는 당장 필요한 돈이 너무 부족한 것이 사실이다.

그러나 죽음이 우리 인간이 피할 수 없는 엄연한 현실인 것처럼 은퇴 또한 엄연한 현실임을 직시한다면, 지출의 우선순위를 냉정하게 정하는 지혜와 용기가 필요하다. 미래를 위해 과감한 투자를 하는 것이 은퇴 준비다. 돈은 윤활유 역할만 하면 족하다. 저에너지를 사용할 것이라면 작은 통의 윤활유를 선택하면 된다. 그런데 윤활유만 있고 다른 가족·건강·친구·취미·일·봉사·공부가 없다면 기가 막히지 않겠는가. 잘 생각해서 판단하자.

20·30대 청년에게

청년의 자산은 돈이 아니라 시간이다. 지금 당장 은퇴 계획을 세우고 실행에 옮기자. 이제 막 사회생활을 시작한 20·30대를 잡고 은퇴 어쩌고 한다면 '미친 놈!'이라고 할지도 모른다. 그럼에도 불구하고 한마디 하지 않을 수 없다.

은퇴는 아주 먼 훗날의 일이라 치더라도 현실이다. 혹시 비껴갈지도 모르는 불운이 아니다. 누구에게나 꼭 한 번은 온다. 게다가 그 기간은 점점 더 길어질 것이다.

사람은 특별한 경우가 아니면 누구나 비슷한 그릇을 가지고 있다. 따라서 자기가 좋아하는 그릇에 차곡차곡 채워 넣어야 한다. 세상이라는 그릇은 공평해서 가득 차야 넘친다. 넘쳐야 행복해질 수 있다. 되도록 젊은 날부터 채우자. 도중에 바꾸지 말고 가능하면 한길을 가자. 다시 채우려면 그만큼 어려우니 자신의 소질과 능력과 호감을 생각해서 잘 채워나가자. 혼자가 힘들면 가족과 함께 채워 나가자. 그러면 3배는 빨리 채울 수 있다. 자신이 좋아하는 일을 계획하고 실천한다면 미래는 약속의 날들이다.

스스로에게 미래에 대한 희망과 비전을 제시하자. 그리고 그 모습을 늘 상상하자. 또 비록 적은 돈이라 할지라도 은퇴 준비를 시작하자. 이 정도의 돈이 무슨 도움이 되겠나 싶을지라도 꼭 시작하자.

물론 은퇴 자금이 은퇴 후 삶을 보장하는 것은 아니다. 자신의 미래를 위해 투자하기 시작했다는 의미가 크다. 적은 금액의 투자일지라도 긴 시간을 생각하면 너무 안정성만을 고려한 저축은 바람직하지 않다. 이자가 너무 낮아 물가상승 폭만큼도 안 되는 상품은 오히려 위험할 수 있다. 장기적인 투자를 할 때는 좀 더 공격적으로 하는 것이 필요하다.

만일 부채가 있다면 먼저 부채를 없애야 한다. 그것은 기본이다. 가능한 한 신용카드 빚과 학자금 융자 등은 일찍 갚자. 이와 함께 은퇴연금이나 개인연금 계정을 만들어 매달 일정액을 적립해 나가자. 누구나 다 아는 이야기지만 지출하기 앞서 먼저 저축하는 습관을 들여야 한다. 월급을 받으면 일정액을 먼저 제하고 나머지로 집세·의류비·식비·오락비 등을 쓴다.

40대 중년들에게

지금 기회를 놓치면 돈과 시간을 모두 잃게 된다. 허리띠를 졸라매자. 언제 명퇴해야 할지 아무도 모른다. 이 시기는 아이들 교육 때문에 씀씀이가 많은 때다. 우리 인생에서 가장 왕성하게 활동하고 수입도 많은 시기이지만, 은퇴 준비와 생활을 어떻게 양립시킬 것인지 계획을 잘 세워야 한다. 살림이라는 것이 원래 규모가 크든 작든 이것저것 쓸 일이 많아 부족하기 일쑤다. 국가나 기업이나 가정이나 재정 편성은 충분한 재원을 확보하는 것이 아니다. 필요에 따라 최적·최선의 우선순위를 정하는 것이다. 다시 강조하지만 "욕망을 충족시키는 만족이란 없다."

미래의 항목을 소홀히 하고 재정 집행을 방만하게 한다면 부채에 허덕일 수밖에 없다. 올바른 투자는 없다. 하지만 미래를 위해 준비하고 윤활유로서 돈을 모은다면 지금보다는 분명 나아질 것이다. 40대 중년층이라면 지금이야말로 미래의 항목을 가장 치밀하게 점검해야 할 시기다. 지금이 아니면 기회를 놓치게 된다. 어리석은 말 같지만 자녀교육과 지원에 들어가는 비용을 줄이고 은퇴 대비용 저축을 하라.

저축이란 규모 있는 재정 계획을 의미한다. 적은 돈을 규모 있게 계획한다는 것은 결국 어느 한 부분의 희생과 인내심을 요구하게 마련이다. 견뎌내야 한다. 보통사람이 잘 살 수 있는 길은 절약하고 저축하는 것밖에 없다. 근검절약 없이 큰돈을 모을 수는 없다.

돈을 지나치게 강조할 생각은 없다. 다만 중요하다는 의미다. 돈보다 더 중요한 것이 건강, 가족과 친구, 일과 학습이다. 물론 취미와 봉사도 중요하지만 미래를 위해 후순위로 돌리자. 40대 돌연사나 과로사가 많은 것이 한국의 특징이다. 일에서 자유로울 수는 없다.

하지만 자유로워져야 한다. 몇 년 일찍 회사를 나오더라도 자신의 건강과 가족, 친구, 미래의 일, 미래를 위한 학습을 꾸준히 해나가는 것이 중요하다. 한국의 집단주의 조직 문화는 어느날 갑자기 오너의 마음이 변하거나 경제가 나빠지면 어떻게 변할 줄 모른다. 한마디로 예측 불가능하다. 예측 가능한 것은 자신의 준비밖에 없다. 자립자경을 하려면 텃밭 농사도 해보아 스스로 안전한 먹거리를 생산하는 방법을 터득해야 한다. 주말 시간을 쪼개 농사를 직접 지어 보자. 가족·이웃과 함께 한다면 금상첨화다. 자립자경이 가족과 친구, 일과 학습 그리고 건강을 챙길 거리가 된다면 100점짜리 은퇴 계획일 수 있다.

50대 은퇴를 앞둔 사람들에게

대세는 이미 결정되었다. 이제 마음을 정해야 한다. 마음을 비울 수 있다면 돈보다 소중한 가치를 하나 찾은 것이다. 돈은 삶의 윤활유이지 목적이 아니다. 돈 없는 현실을 받아들이고 차분히 은퇴 준비를 하자. 은퇴 준비는 여윳돈을 가지고 하는 것이 아니라 여유 있는 마음을 가지고 해야 한다는 사실을 명심하자. 은퇴를 준비하기에 너무 늦었다고 포기하지 말자. 은퇴 준비는 너무 이른 것도 너무 늦은 것도 없다. 앞으로 어떻게 살 것인지를 고민하자. 이 지구상에는 돈 없이도 행복하게 살아가는 사람들이 많다. 행복은 부자의 척도가 아니라 자기만족의 척도다. 부자도 한없이 불행할 수 있고, 비록 가난하지만 정신적으로 부자인 사람들도 많다. 욕심을 버리는 연습을 하는 것이 중요하다.

그러나 마지막까지 절대로 버리지 말아야 할 것들이 있다.

첫째, 남의 도움 없이 자립할 수 있는 건강.

둘째, 가족의 신뢰와 사랑.

셋째, 친구와의 우정과 믿음.

넷째, 좋아하고 평생 지속해 나갈 수 있는 일.

다섯째, 배우고 익히려는 자세와 독서, 학습력.

여섯째, 스트레스를 해소하고 집중해서 할 수 있는 취미생활.

일곱째, 이웃과 지역사회를 돕고 더불어 살아가려는 봉사정신.

돈이 적당히 있다면 이러한 일곱 가지가 좀더 편해질 수 있다. 하지만 돈이 없어도 일곱 가지는 조금 불편할 뿐이지 못하지는 않는다. 현명한 방법은 자신의 처지에 맞게 일곱 가지를 차근차근 무리없이 하는 것이다. 조급한 마음에 절대 무리를 해서는 안 된다.

직장 생활은 은퇴 준비 여부와 관계없이 어느 날 마치 가을 바람에 낙엽이 떨어지듯 그만두게 될 것이다. 그렇다고 자존심이 상하거나 비굴해져서는 안 된다. 우리가 대한민국을 만들었다는 자부심을 가져야 한다. 하지만 국가가 끝까지 나를 지켜주지는 않을 것이다.

은퇴한 후 모자라는 자금을 보태겠다는 생각으로 섣불리 투자하거나 돈벌이에 나서는 것은 금물이다. 망하는 지름길이다. 자신이 그동안 해오던 일의 연장선상에 있는 일이라면 모르지만 잘 알지도 못하는 분야에 뛰어들지 말자. 세상이 그리 만만하다면 다들 부자가 되었을 것이다.

자신의 돈과 인생을 낭비하고 싶다면 할 수 없지만, 세상 이치는 스스로 배우고 익혀서 깨닫는 것이지 교육받는다고 아는 것이 아니다. 결국 세상은 아는 만큼 보이고, 보이는 만큼 느끼고, 느낀 만큼 감동받고, 감동받는 만큼 변화시킬 수 있다. 자기 그릇과 분수를 아는 것이 현명하다. 주

어진 현실에서 어떻게 하면 가장 행복하고 보람된 삶을 살 수 있을지 생
각하자.

언제 어떻게
은퇴할 것인가

살면서 변화를 꾀한다는 것은 그리 쉬운 일이 아니다. 그러나 변화의 시기를 미리 예측하고 대비하는 사람에게는 좋은 기회가 될 수 있다. 먼저 선택할수록 선택의 폭은 그만큼 넓다. 때문에 남들보다 먼저 변화를 꾀하는 용기도 괜찮다. 지금처럼 모든 것이 급변하는 세상에서 과거에 안주하고 다른 사람에게 의존하는 이들에게는 최악의 시기가 될 것이다.

실례로 지난 40여 년 동안 한국은 근대화 시대, 산업시대 전기, 산업시대 후기, 정보화 시대, 지식정보 시대, 디지털 시대를 경험했다. 산술평균한다면 6.6년마다 한 시대를 접수하고 체험하고 발전시키고 평가하고 다른 시대로 이동했다는 말이다. '그것이 가능한가'라는 의문이 들 정도다.

하지만 우리나라는 서구 여러 나라가 300년 이상 걸린 근대화·산업화를 불과 20여 년 만에 이룩한, 세계 역사에서 그 유래를 찾기 힘든 '빨리빨리' 나라다. 지금도 엄청나게 빠른 속도로 변화하고 있다. 앞으로도 무섭게 변화할 것이다.

이런 변화는 한 인간의 역사에서도 중요하게 인식된다. 어느덧 사회에서 용도폐기될 시점에 왔지만 은퇴 이후의 삶에서 중요한 가치를 찾고 사회와 유기적인 관계를 맺을 가능성이 많아지기 때문이다. 만약 그 사람이 미래에 대한 비전과 과거를 연결시킬 줄 아는 안목이 있다면 지속 가능할 것이다. 하지만 과거에 사로잡혀 앞날에 대한 비전이 없다면 과거 자산마저도 한순간에 무너지고 말 것이다.

은퇴 후 삶의 윤활유 역할을 할 자금이 얼마나 필요한지도 알아본다. 그렇다고 비용을 너무 높게 잡아서는 안 된다. 불행하게도 은퇴 후 필요한 노후자금은 우리가 생각하는 것보다 훨씬 많다.

미국의 사회보장제도국에서 현재의 연금 수혜자들(65세 노인)을 조사한 결과, 다음과 같은 통계가 나왔다.

45% : 자식과 친척들의 도움에 의존
30% : 자선단체의 도움을 받음
23% : 계속 일함
2% : 자급적으로 생활함

물론 우리나라는 미국과 좀 다를 수도 있다. 하지만 이 같은 사실은 하나의 추세다. 게다가 미국의 경우 자녀가 독립하는 나이가 18세인 반면, 우리나라는 자녀가 부모로부터 재정적으로 완전히 독립하는 나이가 37세라고 한다. 이에 반해 자녀가 부모를 봉양하는 추세는 급속히 사라지고 있다.

은퇴하면 뭐 먹고 살래

게다가 한국은 자녀 부양비가 1인당 국민소득 대비 전 세계 1위다. 이러한 노력 덕분에 눈부신 발전을 해왔는지도 모른다. 하지만 노년이 보장되지 않는 상황에서 추진 동력이 어느 정도 지속될 수 있을지는 의문이다. 국가가 개인에게 해주는 게 별로 없다면 개인이 스스로 준비할 수밖에 없다.

따라서 애써 저축한 돈을 자동차와 같은 소모품을 구입하는 데 쓰거나 수리·사고처리 비용 등으로 생활비의 많은 부분이 빠져 나가서는 곤란하다. 노년에도 주기적으로 목돈 들어갈 일은 생긴다. 아프거나 예기치 못한 일들이 일어나게 되면 목돈이 필요하게 마련이다. 때문에 되도록 스스로 소일하면서 먹고살 수 있는 '자립자경 체제'를 만들어 놓는 것이 중요하다.

도시에서 가능하다면 자립자경 체제를 만들 수 있겠지만, 만약 도시에서 어렵다면 부담 갖지 말고 시골로 내려가자. 변화는 현실을 낳고 혁신은 새로운 경쟁력을 잉태한다. 은퇴 후의 경쟁력은 자신의 태도에 달렸다.

은퇴 준비가 얼마나 되어 있는가

아래 질문에 대해서 '그렇다'는 3점, '보통이다'는 2점, '이니다'는 0점으로 계산한다.

<표 10> 은퇴 준비 예상 질문지

번호	질문	그렇다	보통이다	아니다
1	배우자나 자녀, 친구들과 정년에 대해 자유롭게 이야기한다.			
2	은퇴 시기에 대해 자주 생각한다.			
3	갑자기 직장을 그만둘 때 대비책이 있다.			

번호	질문	그렇다	보통이다	아니다
4	은퇴 후 나의 자산이 얼마일까 생각해 본 일이 있다.			
5	은퇴 후 한 달 생활비가 어느 정도인가를 안다.			
6	은퇴 후 연금 등 생활비 충당을 위한 대비책을 갖고 있다.			
7	은퇴 후 직장 생활을 대체할 일을 생각하고 있다.			
8	은퇴 후 하루 일과를 어떻게 보낼지 생각하고 있다.			
9	현재 걷기나 등산 등 정기적으로 운동을 하고 있다.			
10	봉사활동이나 사회활동 모임에 가입해 있다.			
11	은퇴 후 여행을 함께 할 소모임이 있다.			
12	배우자와 함께 하는 일이나 레저 활동이 있다.			
13	새로운 취미 활동을 배우고 있다.			
14	정기적 의료검진을 받고 의사의 지시를 따른다.			
15	가벼운 운동이라도 규칙적으로 하고 있다.			
16	은퇴 후 건강관리 방법을 준비하고 있다.			
17	자기만의 휴식 방법이 있다.			
18	자녀와 함께 살 것인지 아닌지 결정했다.			
19	운전이나 컴퓨터 등 새로운 기술을 배우고 있다.			
20	나만의 스트레스 해소법이 있다.			
21	육식보다 채식을 즐겨 한다.			
22	골다공증 예방을 위해 운동과 칼슘, 비타민 D를 섭취한다.			
23	주 1회 이상 혈압 체크를 한다.			
24	금연을 한다.			
25	당뇨병이 있다면 약물요법·식이요법·운동을 하여 혈당을 관리한다.			
26	친구 또는 가족과 매일 통화한다.			
27	자기 일이 있어 활동적이고 생산적인 생활을 한다.			
28	주 1회 봉사활동 등 가치 있는 일을 한다.			
29	열정과 흥미를 가지고 하는 취미 활동이 있다.			
30	교육 기회를 살려 무언가 배운다.			
31	미래에 대한 계획을 세운다.			
32	거주 환경을 고쳐서 안전하게 생활한다.			
33	앞으로 어떻게 살지 계획을 세운다.			
34	소일거리로 용돈을 벌고 있다.			

은퇴하면 뭐 먹고 살래

평가 방법

A+ 등급(100~91점) : 비범할 정도로 완벽한 은퇴 준비를 하고 있다.

A 등급(90~81점) : 높은 수준의 복합적인 은퇴 준비를 하고 있다.

B 등급(80~61점) : 평균 이상의 은퇴 준비를 하고 있다.

C 등급(60~41점) : 보통 수준의 특징적이지 않은 은퇴 준비를 하고 있다.

D 등급(40~21점) : 어느 정도 준비는 인지하고 있지만 구체성이 결여되어 있다.

E 등급(20~1점) : 준비 미비와 결점으로 적극적인 은퇴 준비가 요구된다.

5부

은퇴 후에는 이런 집에서 살고 싶다

주거문화가 달라진다

미래학자들이 예측했던 미래 사회에 나타나는 갖가지 현실이 이미 우리 나라에서도 일상적인 현상이 되었다. 전통적인 가족 단위나 구조도 바뀌 어 1인 가정, 다문화 가정, 무자녀 가정, 핵 가정 등과 같이 가족 형태가 아 주 다양해졌다. 이처럼 가족 구조나 단위가 해체되고 구성원이 개인화되 는 것은 왜 그럴까.

먼저 사회 구성원의 생활양식과 여성의 역할이 변화했기 때문이다. 또 한 산업화·정보화 등 첨단과학기술의 발달로 집단이나 가족의 공동 노 동이 의미를 상실한 시대로 진입했다. 경제적인 측면에서 본다면 가족 간 의 끈끈한 정이 필요했던 전통적 작업이 점차 사라지고 있다. 앞으로 도 시와 농촌 혹은 국내와 국외 등으로 나눠져 있는 원거리 가정이나 새로운 형태의 통신 개발로 사회구조가 전면적으로 바뀔 것이다. 그에 따라 이른바 다인종 가족, 글로벌 가족이 탄생하게 될 것이다.

가족 구조가 다양해지면서 살 집도 지금과는 많이 달라질 것이다. 가족 구조의 변화는 어느 한 나라만의 일이 아니라 전 세계적으로 일어나고 있는 현상이다. 핵가족이 줄어들고 무자녀 가정이 늘어나는 반면, 고령화는 급속도로 진행되고 있다.

또한 서비스업 종사자가 80%에 이르면서 일자리 이동이 급격히 늘어나고 있다. 노동 이주, 교육 이주, 행복 이주 등의 이유로 많은 아이들과 부모들이 이 나라 저 나라 떠돌아다니는 것이다. 젊은층 역시 일자리를 찾아 전 세계 도시로 속속 몰려든다. 마침내 디지털 노마드의 시대가 온 것이다.

2010년 4월 27일 일본의 〈요미우리신문〉 1면에는 일본 경제기획청 장관을 지낸 소설가 사카이야 다이치堺屋太一가 쓴 소설 내용이 톱기사로 실렸다. 일본 경제가 파산해 2010년 중국 돈 1위안당 13엔이었던 환율이 2018년 대파국을 맞아 70엔으로 엔화 가치가 폭락하고, 2020년 이후에는 대도시 오염을 피해 중소도시 · 해양도시 등으로 인구분산이 시작되는 등 디지털 노마드의 시대가 현실화된다는 것이다. 이동하지 않으면 살 수 없는 시대가 온다는 말이다.

게다가 빠른 정보 유통 속도로 인해 온 가족이 저녁밥상 앞에 둘러앉아서 정보를 교환하던 시대는 지났다. 인터넷, 정보통신 TV, 트위터 동영상, 1인 방송, 페이스북(facebook) 등에 들어가서 자녀들의 일상사를 점검하는 부모가 갈수록 늘 것이다.

또한 현재의 30·40대가 정년을 맞게 되는 2020~2030년에는 우리나라의 주거문화도 상당히 달라질 것이다. 인구 구조상 젊은 세대의 비중이 낮아지면서 신혼살림을 꾸리기 위한 새로운 주거 수요보다는 노년층을 위한 주거 수요가 커질 전망이다. 라이프스타일에 따른 주거 형태는 이미 큰 변화를 맞이했다. 우리는 이미 그 변화의 물결에 깊숙이 들어와 있다.

그러면 주거 양식은 어떻게 변화하고 있을까. 간단히 말해 이동은 편리하게, 구질구질한 것은 적게, 생활은 신속 깔끔하게, 자연과 인간은 조화롭게 변화할 것이다. 구체적으로 살펴보자.

조경과 시티 팜 중시

경기도 용인 동백지구의 D아파트는 200평 규모의 과수원 두 곳과 500평 규모의 텃밭을 만들었다. 그리고 단지 내에 실개천과 공원 등을 조성해 1990년대 평당 15만 원에 불과하던 조경비가 50만 원을 넘어섰다. 지난 2001년경까지만 해도 교통이 중요한 선택 기준이었지만, 지금은 자연환경과 조망권이 중요해지면서 공원 등이 인접한 아파트에 대한 선호도가 높아졌기 때문이다. 반포의 L아파트 단지도 600년 된 느티나무를 상징목으로 식수했다. 조경과 자연을 중시하고 어메니티를 강조하는 시대로 접어든 것이다. 앞으로는 단지 내에 옥상과 조경지 일부에서 도시농업을 할 수 있는 시티 팜(city farm) 설치가 의무화될 전망이다. 이미 영국·캐나다·미국·독일·러시아 등지에서는 시티 팜이 일상화되어 있다.

빌트인

아직까지 빌트인 하면 기존의 붙박이장 정도만 시공하는 것을 말했다. 그러나 이제는 냉장고·가스레인지·식기세척기 등 주방용품으로까지 확대되고 있다. 또 가전제품 성능의 향상으로 자연스럽게 홈네트워크 도입이 활발해질 전망이다. 앞으로 모든 가전제품이 맞춤형으로 나올 날도 머지않았다. 세련되지 못한 형태의 가구나 박스는 새로운 주거 형태에서는 사라질 전망이다. 모든 주거환경이 작고 콤팩트한 생활을 하기 알맞게 변화하고 있다.

홈네트워킹 시스템

홈네트워킹 시스템이란 집 안의 가전제품과 컴퓨터 등이 연결되는 것을 말한다. 이 시스템은 유비쿼터스로 발전하는데, 외부에서 휴대폰으로 온도·조명·가스밸브·세탁기·식기세척기 등 가정 내의 정보기기들을 원격으로 제어하는 것이다. 필자가 2010년 5월 〈경향신문〉에 게재한 글을 보면 다음과 같은 구절이 있다. "2017년 우여곡절 끝에 완공된 세종시 세종특구의 경우 미래네트워크가 국내 최초로 적용되었다. 공무원 박보람 씨는 정부 제4청사 근무를 끝내고 거리로 나섰다. 휴먼자동센서가 박씨의 움직임을 감지하고 그가 좋아하는 1990년대 김현식의 음악이 나오면서 푸른색 조명을 비춰 준다. 집에 도착해 목욕을 하고 용변을 보자 모든 건강지수가 정상이라는 메시지와 내일 할 일이 거실 TV에 나온다. 혁신적인 시대로 들어선 것이다." 불과 5~6년 후 홈네트워킹 시대로 진입하는 것이 결코 꿈이 아니다.

웰빙화

웰빙 아파트가 등장하면서 삶의 질을 향상시키기 위해 경쟁적으로 웰빙 관련 상품이 개발되고 있다. 친환경 자재와 설계로 내부 환기에 도움을 주어 새집증후군을 예방하는 것은 물론이고 다양한 인터넷 콘텐츠를 이용할 수 있게 해주는 미디어 라이브 시스템, 판상형 청정환기시스템, 리모컨으로 문을 여닫는 유니버설 도어록 등 네 가지 콘셉트를 신상품으로

은퇴하면 뭐 먹고 살래

개발하는 업체도 등장했다. 이밖에도 첨단장비를 활용한 웰빙화가 계속 추진될 전망이다.

감성화

아파트도 기분이 좋아지게 하는 아파트가 나온다. 색상·조명·향기·음악 등을 콘트롤해 건강하고 기분 좋은 최적의 삶을 만들어 주는 주거공간은 이제 꿈이 아니라 현실이다. 또 아파트 내의 커뮤니티 개념을 확대해 문화생활을 단지 내에서 모두 해결할 수 있다. 이 모든 것이 IT 기술 덕분이다. 2012년에는 현재의 광통신 속도보다 10배나 빠른 초광대역 네트워크의 구축이 완료되어 2015년 무렵에는 초광대역 기반망 위에 사람과 기계, 주거환경이 지능적으로 데이터를 주고받는 미래 네트워크 세상이 열릴 것으로 전망된다. 이제 집이 주거공간이자 생활공간이며 문화공간인 시대가 도래하는 것이다.

과거에 사람들은 휴식과 산책, 쇼핑을 위해 아파트가 아닌 바깥의 상업 공간으로 나갔다. 하지만 몇몇 아파트는 이미 문화창조의 매개체로 사람들의 욕구를 충족시켜 주는 멀티 공간으로 탈바꿈하고 있다. 1층과 옥상층의 경우, 발코니에 출입문을 달아 정원과 문화공간으로 이용할 수 있게 하거나 펜트하우스를 시공한다. 최고급 아파트의 경우, 옥상이나 베란다 일부 혹은 정원에 시티 팜이 만들어져 여기서 유기농 채소를 직접 재배해 먹는 문화가 일반화될 전망이다.

10년 후의
주택과 주거 문화

앞으로 주택 가격은 하락할 가능성이 높다. 공급 요인에 큰 변화가 없고 수요 요인만 고려한다면 향후 10년 안에 베이비붐 세대가 모두 은퇴하면서 그들이 만들어 놓은 주택 가격을 '결자해지'할 것이다. 맹목적인 집값 상승은 이제 종말을 고하게 된다는 것이다. 반대로 이유 있는 상승이나 이유 있는 하락이 주요 흐름이 될 것이다.

인구에 대한 예측을 좀 더 해보자. 총 인구는 정부가 예상한 2018년보다 2년이나 빠른 2016년부터 감소할 전망이다. 우리나라의 인구 전망은 늘 정부가 뒷북을 치고 예측 또한 정확하지 않다. 출생률도 황금돼지해인 2007년 1.25를 기록한 후 계속 하락해 조만간에 1.00으로, 처음으로 한 명 선에 수렴될 전망이다. 이미 2009년도에 서울 강남구 등 몇몇 지자체는

은퇴하면 뭐 먹고 살래

출생율 0.8 이하의 시대로 진입했다. 다만 언론에 알려지지 않았을 뿐이다. 전체 신생아 숫자는 계속 떨어져 2013년도 통계에서는 보건복지부의 노력에도 불구하고 1.0의 '마의 벽'이 붕괴될 가능성이 높다.

실제 2011년 1월 경기도가 통계청 인구 자료(2009.12.31 기준)를 토대로 작성한 '2010 도정 주요 통계'를 보면, 2009년 경기도 총인구는 1172만 7418명이고 출생자는 10만 9257명으로 출생률이 2008년 1.03명에서 0.93명으로 급격히 줄어들었음을 알 수 있다. 경기도가 우리나라에서 인구가 가장 많이 증가하는 도임에도 출생률이 1.00 이하인 것을 유추해 보면 이미 인구감소 추세가 급격히 진행되고 있는지도 모른다. 다만 우리가 두려워할 그 무엇 때문에 발표를 미루고 있는 것은 아닐까.

인구감소가 주는 제일 큰 착각은 더 이상 성장이 필요없다는 것이다. 이에 따라 사람들의 목표의식이 흐려지기 시작한다. 이제 집을 더 짓지 않아도 되고, 식량이나 생활필수품을 더 많이 생산하지 않아도 되며, 도로 건설도 더 이상 필요치 않다는 생각을 은연중에 하게 된다. 역동적인 국민성을 가진 한국민에게 더 이상의 역동성을 찾기 어렵다는 외신들의 보도가 연일 서울발로 나올 것이다.

인구의 자연감소가 시작되는 2016년부터는 집값 폭락 괴담이 현실화될 것이다. 베이비부머의 상당수가 은퇴해 농촌으로 돌아가면서 서울은 썰렁한 도시가 될 것이다. 더 이상 집값을 감당하기 어렵기 때문이다. 대신 그 빈자리를 탈북자와 외국인 노동자들이 채울 것이다.

이처럼 서울에 베이비부머들이 줄어들면서 부동산 가격은 최고가 대비 50% 이상 폭락해 선진국 평균치에 도달할 것이라고 보는 시각도 있다. 부동산 가격 침체는 도미노 현상을 일으켜 중소도시 상황을 더욱 어렵게 할 것이다. 지나치게 은행돈을 많이 빌린 사람들의 집이 경매로 넘어가는 일도 비일비재할 것이다.

인구 구조의 변화는 교육 문제에도 큰 영향을 미칠 것이다. 저출산이 일반화되면서 강남의 대치동같이 교육여건으로 인한 주택가격 상승은 기대하기 힘들어져 집값이 크게 떨어질 것이다. 대신 현재의 베이비붐 세대가 노후를 보내게 되는 도시에서 역세권 중소 주택이나 원룸 가격이 오를 것이다.

과거 은퇴하기 전에는 주거지를 선택할 때 통근거리와 자녀교육 여건, 지가상승 여력 등이 중요했지만, 은퇴 후에는 그러한 제약 요건이 없어질 것이다. 대신 좋은 친구가 있는 곳, 의료시설이 좋은 곳, 경관과 환경이 좋은 곳, 건강하게 운동하며 자연을 즐길 수 있는 곳, 유기농 먹거리가 있는 곳, 제비가 많이 사는 곳 등이 우선적 고려사항이 될 것이다. 제비가 많이 사는 곳은 그만큼 먹거리 환경이 좋다는 뜻이기 때문이다(제비는 미래 세대의 환경 지표종이다. 제비는 산업화 과정에서 오염·농약 등으로 인해 급속히 줄어들다가 최근 조금씩 늘어나는 추세다).

이러한 이유로 앞으로는 도심보다는 교외, 교외보다는 시골을 선호하게 될 것이다.

은퇴 후
어떤 집에서 살 것인가

한국 사람들은 대체로 결혼하면서부터 내집마련 전쟁이 시작된다. 물론 개인에 따라 다르지만 이사를 몇 차례 거듭하다가 일정 시점이 지나면 대체로 아파트를 구입하여 한 곳에 정착하게 된다.

지난 30여 년간 한국의 부동산 시장은 수요 부족, 집값 상승, 국민 불만, 정부 대책, 일시적 수요 안정이 지속적으로 반복되었다. 그 과정에서 신도시도 몇 개 만들어졌고 도심에서 멀리 떨어진 베드타운도 건설되었다. 부동산 시장이 출렁이면 집을 가진 사람이건 집이 없는 사람이건 아파트 값에 온통 신경을 곤두세웠다. 그동안 우리나라의 집값 흐름은 강남과 신도시의 상승세와 정부의 누르기 싸움에 좌지우지되었다고 해도 과언이 아니다. 정부는 냉온탕 전략과 금리, 공급량 조절 등의 다양한 방법으로 집값 안정을 꾀했지만, 2년에 한 번 꼴로 주택시장은 요동쳤다.

그 와중에서 서민들의 시름은 깊어만 갔다. 내집마련은 고사하고 전셋집을 옮기고 싶어도 집을 구하기 어렵고, 전세보증금은 하늘 높은 줄 모르고 올라만 가니 정부에 대한 원망이 커질 수밖에 없다.

땅덩어리가 좁아서인지 몰라도 우리나라 사람들의 집과 땅에 대한 욕심은 남다르다. 여기에 집값마저 나날이 올라가니 집에 대한 애착이 클 수밖에 없다. 그러나 아파트 시가총액이 올라가면 서민들의 내집마련은 그만큼 더 어려워진다. 정부의 집값 안정 대책이 가동되면 강남3구와 분당·과천 등지의 상승세가 잠시 주춤해지지만 언제 다시 불이 붙을지 모른다는 게 전문가들의 견해다.

상황이 이렇다 보니 전세 가격만 올라 집 없는 서민들의 고통이 이만저만 아니다. 최근에는 수도권의 대출 규제가 시중은행에 이어 제2금융권에까지 확대되어 대출받기가 어려워지면서 기존 주택에 대한 수요가 뚝 끊겼다.

이에 대출 절차가 간소화되고 정부의 햇살론이나 미소금융, 생애첫대출 등 서민을 위한 대출 상품도 많이 나왔지만 한번 침체의 길로 접어든 부동산시장은 나아질 기미를 보이지 않는다. 신규 분양 시장도 얼어붙으면서 중견 건설업체가 도산하는 등 부동산 시장의 풍속도가 바뀌고 있다. 이렇게 되자 정부는 슬그머니 대출 규제 정책을 풀었다. 냉온전술이 시작된 것이다.

이처럼 부동산 시장이 안갯속을 헤매듯 불확실함에도 불구하고 나이가 들어 어디서 노후를 보낼 것인지 고민해야 한다. 그곳에서 여생을 마감해야 하는 것은 아니지만 대개의 경우 마지막 주거처가 될 것이다. 그렇기 때문에 특별한 경우가 아니라면 오랜 기간에 걸쳐 차근차근 계획을

은퇴하면 뭐 먹고 살래

세우는 것이 좋다. 특히 새로운 지역으로 이주하려 한다면 계획을 철저하게 세우고 실행에 옮겨야 한다. 정부도 주거복지 혹은 지역 활성화 차원에서 은퇴자들의 삶터에 대해 심도 있는 고민을 도와야 한다.

노후를 위한 주거공간은 어디에서, 누구와 어떻게 살 것인가를 고려해야 한다. 먼저 도시에서 살 것인지, 아니면 전원에서 살 것인지 결정한다. 다음은 주택을 임대하는 것이 좋을지, 아니면 소유하는 것이 좋을지 판단한다. 또 자녀와 함께 살지, 아니면 따로 살지를 선택한다. 만약 도시에 산다면 되도록 주거 면적을 줄이는 것이 현명하다. 1인당 10평 내외, 부부라면 20평 안팎이 적당하다.

그런데 노후에 살 주거지를 선택할 때 우선적으로 고려해야 할 사항은 젊은 시절과 달리 노후에는 건강이 많이 약해져 있을 것이라는 점이다. 젊은 시절이라면 언덕이나 계단을 오르내리는 일이 별것 아니겠지만 나이를 먹어 건강이 약화된 상황에서는 대단히 힘들다. 그러다 보니 조금은 외진 전원주택보다는 의료기관이 가깝고, 교통과 일상적인 쇼핑이 편리한 도시 지역을 선호하는 경향이 있다. 즉, 주거의 편리성을 최우선으로 고려하게 된다는 것이다.

하지만 필자가 일관되게 주장하는 것은 시골로 내려가는 것이다. 시골이라 하나라도 산촌의 경사지, 상습 침수지, 호설 지대(눈이 많이 내리는 지대), 대규모 리조트 관광지, 접경지대 등은 특별한 목적이 없는 한 피하는 것이 좋다.

어쨌든 은퇴 후에는 되도록 경제적 부담을 줄이면서 건강을 스스로 챙기고 자신이 하고 싶은 일을 할 수 있는, 시·군 내 읍·면 지역 인근으로 떠나 사는 것이 후반부 인생을 성공적으로 사는 길이다.

그림같은 전원주택에서 살기

농촌에서 태어났건 도시에서 태어났건 은퇴를 앞둔 많은 이들이 전원에서의 노후생활을 꿈꾼다. 바쁘고 혼잡스러운 도시를 떠나 공기가 맑고 한적한 시골의 아담한 집에서 목가적 삶을 살다가 인생을 마감하는 일은 멋져 보이기까지 한다.

그런데 한 번도 농촌에서 살아 보지 않은 사람의 농촌 생활이 과연 쉬울까. 도시의 편리함에 길들여진 탓에 선뜻 실행에 옮기기가 쉽지 않은 것은 차치하고라도 초기에는 많은 시행착오를 겪게 마련이다. 전원생활은 많은 사람들이 선호하지만 이루기 어려운 면이 있기 때문이다.

먼저 전원주택에서 살려면 준비를 철저히 해야 한다. 무엇보다 정원 관리와 풀과의 전쟁에서 이길 자신이 있어야 한다. 다음으로 조경이나 원

예에 취미가 있어야 한다. 취미가 있다면 하루하루가 새롭고 복받은 날이 될 것이다. 여기에 텃밭 농사까지 한다면 금상첨화. 그 다음으로 주택 관리나 유지·보수에 소질이 있어야 한다. 간단한 유지·보수도 제 힘으로 하기 어렵다면 생각보다 많은 금액을 지불해야 하기 때문이다.

최근 들어 교통 및 통신시설의 발달과 주 5일 근무제 도입 등에 힘입어 전원주택이 노후에 살기 위한 곳으로서만이 아니라 젊은층에게도 매력적인 주거공간으로 주목받고 있다. 물론 소비자들이 가장 살고 싶어하는 주택은 여전히 아파트가 1위였다. 전체 응답자의 34.1%가 아파트를 가장 선호한다고 답한 것이다. 그 뒤를 이어 전원주택이 28.2%, 주상복합이 27.1%였다.

눈길을 끄는 것은 연령별 주택 선호도가 확연히 다르다는 점이다. 40대 이상은 전원주택에 대한 선호도가 높다. 40대는 38.1%, 50대는 40.5%, 60대는 39.1%가 전원주택에서 살고 싶다고 답한 것이다. 같은 연령대에서 각각 아파트 선호도보다 7~11%포인트 정도 높은 비율이다. 투자수익률을 고려해 당장은 아파트에 살고 있지만 중장기적으로 전원주택에서 살고 싶다는 희망을 피력한 셈이다.

전원주택에 산다는 것은 도시를 떠나서 자연과 더불어 사는 것이다. 여기서 위치를 기준으로 두 가시 유형을 생각할 수 있다. 첫째는 도시 근교의 전원에서 사는 경우다. 둘째는 모도시에서 한두 시간 떨어진 농촌에서 사는 경우다. 어느 경우든 거주지가 농촌 지역이기 때문에 기존에 도시에서 살던 것과는 다른 마음가짐으로 시작해야 한다.

그런데 노후에 전원주택에서 살기 위해서는 고려해야 할 점이 몇 가지 있다. 첫째, 부부간에 전원생활을 둘러싼 이견이 없어야 한다는 것이다. 많은 경우 전원생활을 하고 싶어도 둘 중 어느 한 명의 반대로 이루어지

〈표 11〉 전원생활 5계명

1	부부간에 전원생활을 둘러싼 이견이 없어야 한다.
2	보건소(병원) 및 편의·복지시설과 가까운 곳을 선택한다(읍·면 인근 지역).
3	지역주민들과 교류하면서 지낼 수 있도록 준비한다.
4	문화적 차이를 극복하고 지역을 이해한다.
5	소박하고 겸손하게 생활한다.

지 못하는 경우가 많다.

둘째, 전원주택지 중에서도 의료시설과 가까운 곳을 선택하는 것이 좋다. 전원주택은 일반적으로 도시와 떨어져 있으므로 의료시설 및 편의·복지 서비스와도 떨어져 있다. 하지만 노후에는 여러 가지 응급상황에 대비하기 위해 경제활동을 영위하던 시기에 비해 의료시설 및 편의·복지 서비스와 가까이 있는 것이 좋다. 건강이 악화되면 전원주택은 독이 될 수도 있다는 사실을 기억해 두자. 그런 점에서 읍·면 소재지 주변이 편리하다.

셋째, 인간적 교류라는 사회적 측면을 고려한다. 전원주택에서 산다고는 하지만 어차피 주변 사람들과 교류를 하면서 살아야 하기 때문이다. 교통이 너무 불편하여 사람들과의 관계가 멀어져서는 안 될 것이다. 또한 지역주민들과도 교류하면서 지낼 수 있도록 마음의 문을 열 준비를 해야 한다.

넷째, 문화적 차이를 고려한다. 오랫동안 도시 생활에 익숙해 있는 경우 농촌 문화나 정서에 쉽게 적응하지 못할 가능성이 있기 때문이다. 또한 도시에서 너무 멀리 떨어진 한적한 지역에서 살 경우, 도시에서라면 쉽게 누리던 문화에서 멀어짐으로써 생활이 다소 삭막해질 수 있음을 유의한다.

은퇴하면 뭐 먹고 살래

다섯째, 소박하고 겸손하게 생활한다. 시골 사람들이 제일 싫어하는 것이 자기 일도 잘 못하면서 이래라저래라 참견하는 것이다. 잘난 척, 배운 척, 가진 척, 자식 자랑, 자기 자랑을 많이 하는 사람은 시골에서는 천덕꾸러기다. 시골에서는 농사 잘 짓는 것이 제일이다. 자기 농사도 제대로 못하면서 훈장처럼 이러쿵저러쿵하는 것은 꼴불견이다.

최근에는 주5일 근무제의 영향으로 레저산업이 발달하면서 민박이나 펜션업이 각광받고 있다. 따라서 전원생활을 원하는 경우 펜션업을 하면서 수입을 올리는 일도 고려해 볼 만하다. 단, 직업으로 일정규모 이상을 할 경우, 일의 부담과 사업적 위험부담이 따른다.

하지만 주말에만 집중하여 운영할 경우에는 부담도 적을 뿐만 아니라 건강과 수입도 함께 얻을 수 있다. 물론 그러기 위해서는 처음부터 간이 숙박업을 할 수 있도록 주택을 개조하거나 건축할 필요가 있다. 펜션업을 하게 되면 다양한 계층과 연령대의 손님들과 사회적 관계를 맺을 수 있는 부수적 효과도 거둘 수 있다. 사람을 좋아하는 은퇴자라면 작은 규모의 펜션에 도전해 볼 만하다.

전원생활을 할 때 가장 많이 부딪히는 문제가 지역주민들과의 융화다. 특히 새로 전원주택을 지어서 입주할 경우, 그 주택이 지역 정서와 조화를 이루는가가 중요하다. 경제력이 있다고 하여 지나치게 크고 호화롭게 짓는다면 지역주민과 쉽게 융화하지 못할 수 있다. 짓고 나서도 주택을 관리하는 데 지나치게 많은 비용이 든다. 특히 겨울이 6개월 이상 지속되는 강원도나 해발 500m 이상의 고지대에서는 난방비가 많이 든다. 또 예술적으로 지어진 집은 기능 면에서 떨어진다. 자기 생활 규모에 맞게 작고 소박하게 건축하는 지혜가 요구된다.

또 지역에 들어가서 살 경우, 지역주민과 정서적으로 융화될 수 있도록 의도적으로 노력하는 것이 필요하다. 전원에서 살려면 어차피 지역주민들과 교감하며 살 수밖에 없다. 그러기 위해서는 다양한 지역 행사에 참여하는 것이 좋다. 종교를 가진 사람이라면 지역의 종교 활동에 자주 참여하여 지역주민과 교류하는 것이 좋다. 그렇지 않을 경우 지역에서 외톨이가 되거나 지역 주민과의 불화 때문에 전원에서 사는 것 자체가 고통이 될 수 있다.

그런데 전원에서 살기를 원하는 사람은 단순히 주거지를 도시에서 농촌으로 옮기는 것만이 아니라 자급자족 수준에서 농업을 시작하고 생태적 삶을 살아가는 것을 고려할 필요가 있다. 그린투어컨설팅·전국농업기술자협회·귀농운동본부를 비롯한 전문단체의 도움을 받아 귀농·귀촌을 하게 되면, 농촌 지역에 비교적 쉽게 정착할 수 있다. 정기적인 모임이나 지역 내 회원 간 교류를 통해 좀더 풍요로운 삶을 누릴 수 있고, 귀농에 따른 어려움도 해결할 수 있다.

도시에서
살기

기존에 도시 생활을 해온 사람으로서는 도시에서 계속 사는 것이 익숙할 것이다. 반면 농촌 생활에 익숙한 사람이 도시 생활에 적응하기란 쉽지 않을 것이다.

은퇴 후 도시에 살면 무엇보다 병원과 노인복지시설이 가까이 있다는 장점이 있다. 대부분의 경우 승용차로 30분 이내의 거리에 종합병원이 있기 때문에 통원치료하기가 편리하다.

두 번째 장점은 교통이 편리해 주위의 친지나 친구들과 소통하기 수월하다는 것이다. 전원에 살 경우에 비해 친지나 친구들과 소통하기가 훨씬 편리하다. 역세권 주변이나 교통 교차지 주변이 특히 편리하다.

세 번째 장점은 문화시설이 주변에 많다는 것이다. 특히 서울 등 대도시에는 농촌 지역에 비해 문화시설이 많아 콘서트나 마당극·연극·전시회·영화 등을 쉽게 볼 수 있다. 또한 각종 문화센터가 많아 비교적 저렴한 가격에 우수한 문화 교육을 받을 수 있다.

네 번째 장점은 은행·슈퍼마켓·우체국 등이 가까이 있어 생활이 편리하다는 것이다. 이러한 편의시설이 도보권에 있다면 대단히 편리한 건강 생활을 영위할 수 있다.

도시에 살던 사람이 노후를 보내기 위해서 기존에 살던 곳을 정리하고 새로운 삶의 보금자리를 찾으려 할 때는 바로 위 네 가지 요소를 고려해야 한다. 즉, 지금까지는 집을 팔 경우 얼마나 높은 가격을 받을 수 있는가를 중시해 왔다면, 은퇴 이후에는 사는 데 얼마나 편리한가를 더 중요하게 고려해야 한다는 것이다.

은퇴자로서는 세금도 걱정이다. 소득은 없는데 세금이 많이 나온다면 은퇴 후 삶이 더 궁핍해질 것이기 때문이다. 소득이 적은 상황에서 불필요한 주거 면적으로 인해 세금을 많이 내는 것은 바람직하지 않다. 집이 넓으면 세금을 많이 내야 할 뿐만 아니라 국민건강보험료도 더 많이 내야 한다.

따라서 집의 크기는 자녀들이 분가하게 되면 주거지 관리 능력 등을 고려하여 줄이는 것이 현명하다. 이때 편의시설과 의료시설, 문화생활 조건이 좋은 곳으로 옮겨야 건강하고 즐겁게 살 수 있다. 즉 '편의문'이 되어야 한다. 또한 주택 구입시 대출받은 게 아직 남아 있다면 되도록 은퇴 전에 상환할 수 있는 대책을 세우는 것이 좋다. 불가피하게 대출금을 갚지 못할 경우에는 소득 흐름에 악영향을 미치지 않을 방안을 마련한다.

앞으로 주택시장은 소형 중심으로 변화할 가능성이 크다. 앞서 말한 대로 1인 가구도 해마다 급속하게 늘어나고 있다. 실제로 통계청 자료에 따르면 1인 가구는 1995년 164만 가구에서 2002년 263만 1509가구, 2004년

은퇴하면 뭐 먹고 살래

300만 3067가구, 2007년 329만 8261가구, 2009년 338만 가구(전체 가구수의 20.2%)로 계속해서 늘고 있다. 13년 만에 2배 이상 증가한 수치다. 최근 일본의 통계 자료에 따르면 2020년에는 전 가구의 40%가 1인 가구로 변화할 것이라는 충격적인 보도가 있었다. 우리나라 역시 1인 가구가 계속 늘어나고 있다.

하지만 통계청은 2010년 3월에 발표한 '2009 한국의 사회 지표'에서 1인 가구 증가율을 21.6%로 예측하고 있다. 2009년보다 불과 1.4% 증가하는 기이함을 보이고 있다. 이는 지난 10년간의 추세나 일본의 통계와 편차가 크다.

어쨌든 혼자 사는 1인 가구는 1985년 6.9%에서 2009년 20.1%로 급증했다. 아예 결혼하지 않거나 이혼 때문에, 또 혼자 사는 노인이 증가한 것이 그 원인이다. 더욱이 미혼자들 중에는 '결혼해도 그만, 안 해도 그만'이라는 반응이 27%에 달한다. 노인 인구 구성비도 점차 증가해 2030년에는 24%에 이를 전망이다.

국토해양부의 1~2인 가구 집계 자료에 따르면, 고령화 등으로 1~2인 가구가 20%를 차지하는 등 지속적인 증가세를 보이고 있다. 2008년 714만 가구였던 1~2인 가구는 오는 2020년에는 전체 가구 수의 47.1%, 2030년에는 51.8%까지 증가할 것으로 예측되고 있다. 우리나라도 일본과 유사한 추세를 보이고 있음을 알 수 있다.

따라서 베이비붐 세대는 은퇴 후의 소득흐름을 주의 깊게 살피고 주거 비용을 지나치게 많이 지출하지 않도록 해야 한다. 만일 주거 비용이 많이 드는 지역이라면 주거 규모를 줄이는 것이 좋다. 지역에 특별한 이점이 없다면 주거 규모는 그대로 유지하되 주택 가격이 상대적으로 낮은 지역으로 이사하는 것이 현명하다. 서울 집을 월세로 주고 주거비가 싼 시골로 이사해 건강한 삶을 20여 년 사는 것도 좋은 방안이다. 새로운 친구와 새로운 환경에 적응해 보자. 모든 것이 새로워질 것이다.

이도 저도 싫다면 주택을 담보로 현금흐름을 유지하는 역모기지(reverse mortgage)를 고려할 수도 있다. 아직 우리나라에서는 역모기지 제도가 활성화되지 않았지만 가입자가 사망할 때까지 기간에 관계없이 일정액을 받을 수 있다는 점에서 사람들의 관심이 점차 커지고 있다. 다만 역모기지는 상속이 줄어들거나 소진되는 개념이므로 가족 간에 사전에 이에 대한 충분한 협의가 있어야 한다.

은퇴하면 뭐 먹고 살래

현재 살고 있는 집 리모델링하기

은퇴 후 경제적 어려움이 없거나 큰 부담이 되지 않는다면 주거지를 꼭 옮겨야 할 이유는 없다. 현재 살고 있는 집이 편안하게 여생을 보내기 좋을 수 있다. 게다가 노인 가구의 주거시설이 최근 고령화가 급속도로 진행되면서 많이 개선되고 있는 추세다.

하지만 아직도 노인들이 살기 알맞게 디자인이 되어 있지 않은 집이 대부분이다. 노인을 위한 시설이 제대로 갖춰져 있지 않다는 말이다. 따라서 살기 편하게 주택을 개조할 필요가 있다.

실제로 노인이 되면 일반적으로 생각하는 것 이상으로 이동에 제약을 많이 받는다. 또 주택과 주변 환경의 영향도 크게 받는다.

노인이 되었을 때 거주하고자 하는 주거환경을 조사한 결과를 살펴보면 주택의 난방 및 생활시설, 내부 공간 구성, 안전시설 등을 매우 중요시함을 알 수 있다. 구체적으로 주택의 난방 및 생활시설의 경우, 난방 및 온수 시설, 방음 시설, 자동 홈오토메이션, 비상시 긴급연락 시설이 갖춰져 있기를 원했다. 내부 공간 구성의 경우는 충분한 수납 공간과 주거관리의 편리성, 침실과 욕실의 밀접성 등을 중시했다. 마지막으로 안전한 주거환경을 위해 바닥 재료의 미끄럼 방지와 함께 침대·욕조·세면기 옆에 손잡이와 같은 안전시설이 설치돼 있기를 원했다.

특히 노인들은 욕실 내에서 넘어진다든지 하여 다리가 골절되거나 뼈는 경우가 많으므로 욕실 바닥을 잘 미끄러지지 않는 미끄럼 방지 타일로 바꾸고, 욕조 주위에 손잡이를 설치하는 것이 좋다. 또한 욕조를 단순한 목욕에서 마사지까지 할 수 있는 것으로 바꾸는 것도 좋다. 이밖에 욕실 문은 바깥쪽으로 열리도록 해야 하고, 잠겼을 경우에도 밖에서 열 수 있어야 한다.

우리나라에도 이와 같이 노인들이 살아가는 데 어떤 식으로 주택 내 시설을 갖추어야 하는지를 알려주는 모델하우스가 있다. 경기도 성남에 있는 '고령친화종합체험관'이 그곳이다. 고령친화종합체험관은 신체의 퇴화로 잘 보이지도, 듣지도 못하는 고령자가 품위 있는 일상생활을 할 수 있도록 고안한 여러 가지 신기한 물품의 전시장이다. 그야말로 고령자의 천국과도 같다.

전시된 제품들 중 국내 생산은 20%에 지나지 않지만 기존 의료기기를 만들던 중소기업이나 대기업들이 조금씩 고령친화산업에 발을 들여놓고 있어 전망은 밝다. 고령화 속도가 세계에서 가장 빠른 우리나라에서 고령친화용품 개발과 생산에 박차를 가한다면 세계 어느 나라보다 빠른 발전을 할 수 있지 않을까라는 기대감을 갖게 하는 곳이다.

은퇴하면 뭐 먹고 살래

예를 들어 음식을 담는 접시의 경우, 미끄러지지 않도록 무게감을 주고 아랫면에는 특수처리를 해 고정되도록 했다. 그런가 하면 한쪽에 우묵한 골을 만들어 노인들이 음식물을 먹기 편하게 고안한 접시도 있다. 또 지퍼를 달아 원스톱으로 쉽게 벗고 입을 수 있도록 디자인한 옷 등 노인들이 생활하기 편하도록 만들어진 물품들이 많다.

이밖에 귀가 어둡거나 청각을 잃은 사람들도 뼈의 울림을 통해 소리를 전달받을 수 있도록 만든 '골전도 전화기', 작은 소리도 큰 소리로 증폭해 전달해 주는 '음성증폭 전화기', 벨소리를 듣지 못하는 사람들을 위해 진동 벨이 전달되거나 번쩍이는 경보 등으로 알려주는 전화기 등 깜짝 놀랄 만한 아이디어 용품이 많다.

목욕용품 전시장에서는 알록달록한 색감의 목욕의자가 단연 눈길을 끄는데, 목욕을 편하게 할 수 있도록 팔걸이와 등받이는 기본이고 청결을 위해 방수 쿠션은 탈부착이 가능하도록 만들어졌다. 또 의자 가운데 U자형으로 공간을 남겨놔 중요한 부분을 씻는 데 어려움이 없도록 했는가 하면, 간혹 있을 수 있는 배변 실수(?)를 배려한 디자인은 매우 인상적이었다. 욕조에 편하게 들어갈 수 있도록 고안한 리프트 장치나 안전 손잡이, 우리나라 자체 생산이라 더욱 눈길이 갔던 자동목욕기계는 첨단 미래 사회의 단면을 보여주는 것 같다.

센터의 전시관은 휠체어를 타고서도 집 안에서 활동할 수 있도록 모든 문을 슬라이딩 도어로 바꾸고 문턱을 없앴다. 또한 가족이 없는 낮에 휠체어를 타고 혼자서 간단한 식사 준비 정도는 할 수 있도록 싱크대 아래 공간을 없앴다. 욕실 내 공간도 휠체어가 회전할 수 있도록 여유 있게 만들었다.

현관 열쇠는 노인들도 조작하기 쉽도록 크게 만들고, 손잡이도 둥근 것보다 수평 레버식으로 해서 쉽게 여닫을 수 있도록 했다. 쇼핑을 하고 돌아왔을 때 현관 바깥쪽에 짐을 올려놓을 수 있도록 선반도 설치했다. 청각이 약한 노인을 위해서는 초인종을 누르면 소리와 함께 불이 들어오는 장치도 장착했다. 또한 평소 건강이 나빠 갑작스런 사고에 대비할 수 있도록 생활리듬센서(노인이 5분 이상 움직이지 않으면 경보음을 울려 다른 가족들에게 알려 주는 장치)를 장착했다.

노인들은 젊은 시절과 달리 체온조절이 어렵기 때문에 계절 변화에 아주 민감하다. 그 때문에 가을에서 겨울로 넘어갈 때나 겨울에서 봄이 될 때 집 안 온도가 매우 중요하다. 따라서 실내 공기의 순환과 채광을 배려하여 신선한 공기와 자연광을 받아들일 수 있도록 해야 한다.

성남 고령친화종합체험관의 원병회 박사는 "주거에 있어 쾌적성·안전성·건강지향이라는 조건이 충족되는 환경이 조성된다면 좀 더 품위 있고 안락한 생활을 할 수 있다"고 말한다.

기회가 되면 성남 고령친화종합체험관(www.miraeseum.or.kr, ☎ 1644-0891)에 가서 자신이 노인이 되면 어떤 신체적 변화가 있는지, 무엇을 준비해야 하는지를 체험해 보면 좋을 것이다. 전시체험, 생애체험, 치매체험, 프로그램 강좌 등 여러 가지 좋은 프로그램이 많은 곳이다.

자녀 세대와 같이 살기

세태를 반영하듯 자녀와 같이 살기를 희망하는 노인들이 갈수록 줄어들고 있다. 하지만 자녀와 같이 산다면 지속적인 유대를 강화할 수 있어 더할 나위 없이 좋다. 특히 손자녀 세대와의 교류로 인해 정서적으로 안정될 수 있다는 점에서 긍정적이다.

여기에는 두 가지 방안이 있다. 하나는 한지붕 아래 살면서 독립 상태를 유지하는 것이고, 다른 하나는 자녀와 가까운 거리에 살면서 유대를 강화하는 방법이다.

먼저 한지붕 아래 같이 살기 위해서는 서로의 독립적 생활을 침해하지 않도록 부모 세대와 자녀 세대가 공간적으로 분리되어 있는 것이 바람직하다. 특히 며느리나 사위와는 성장 환경이 다를 뿐만 아니라 세대 차이도 있다는 점에서 서로간에 불편을 최소화하는 것이 좋다. 이를 위해서는 복층 아파트에 살거나 단독주택의 경우 위아래층에 사는 방법을 검토할 필요가 있다.

한지붕 아래 같이 사는 것과는 다르지만 그에 준하는 효과를 누릴 수 있는 방법이 가까운 곳에 사는 것이다. 이것은 같이 사는 것에 비해 좀 더 독립적이다. 이러한 방법은 노년기의 전반기에는 건강이 받쳐주어 괜찮지만, 후반기에는 거리가 더욱 가까운 곳으로 이주하거나 같이 사는 방법을 고려해야 한다. 그러나 여러 가지 이유로 독립성 유지를 더 원할 경우에는 재가서비스 등의 보완을 통해 이사하지 않고서 생활을 꾸려 가는 방법도 있다.

장수하는 노인들이 자녀와 동거하는 경우, 가족의 구성 형태는 보통 4세대 가족이 된다. 이 경우 30·40대 젊은 부부는 위로는 60대의 부모와 80대의 조부모 등 네 명의 노인을 동시에 부양해야 하고, 아래로는 학령기에 있는 자녀들의 양육과 교육을 책임져야 하는 과중한 부담을 안게 된다.

자유시장경제 원리에 바탕해 돌아가고 있는 현대사회에서 근로자의 임금은 핵가족을 부양하기에 알맞도록 책정되어 있는 것이 통례다. 따라서 1인의 봉급생활자가 4인의 고령자 부양을 동시에 책임지기란 보통 버거운 일이 아니다. 또한 4세대 가족에서의 30·40대 손자며느리는 60대의 부모와 80대 조부모의 식사·세탁·몸시중·병간호 등도 겸해야 한다는 어려움이 있다. 이러한 가정에서의 젊은 주부는 자녀교육 말고도 시부모와 시조부모를 동시에 모셔야 한다는 과제를 안고 있다. 이것은 한 사람의 주부가 수행할 수 있는 노동량의 한계를 넘는 것이다.

따라서 이러한 4세대 가족에게는 세제혜택을 듬뿍 주거나, 아니면 가족보조수당을 주어야 한다. 이들이 노인 세대를 보살피지 않는다면 정부

은퇴하면 뭐 먹고 살래

가 도맡아야 할 일이기 때문이다. 정부가 아무리 복지정책을 잘 펴더라도 복지의 사각지대는 있게 마련이다. 우리나라의 장점인 공동체성을 살려 가족이 함께 생활한다면 파급 효과가 매우 클 것이다.

사실 우리나라의 전통적인 가족 구성 형태는 노부모가 아들 부부, 특히 장남 부부와 같이 사는 3세대 동거 가족이었다. 하지만 3세대 이상이 함께 생활하는 가구는 1980년 12.6%에서 2010년에는 6.3%로 절반가량 줄어들었다.

앞에서도 말한 것과 같이 평균수명의 증가로 노후생활은 길어진 반면 부모 부양 의식의 약화로 노인들은 상대적 빈곤 또는 절대적 빈곤에 시달리고 있다. 또한 가족 해체로 인해 자녀들과 같이 살지 못하는 노인 비율이 50.0%를 초과하고 있는 등 노인들의 생활은 갈수록 어려워지고 있다.

우리나라 속담에 "긴 병에 효자 없다"는 말이 있다. 정년퇴직 후 소득이 하나도 없는 상태에서 20년 이상 생계를 전적으로 자녀들에게 의존한다는 것은 결코 쉬운 일이 아니다. 특히 오늘날과 같이 경로효친의 가족 규범이 심각하게 손상된 사회에서는 더욱 그러하다.

더 이상 자녀들에게 기댈 수 없는 사회에서 안정된 노후생활을 하기 위해서는 어떻게 해야 할까? 젊었을 때부터 근검절약해서 노후 생계비를 미리 저축해 놓거나, 정년퇴직 후라도 건강이 허락하는 한 계속 일해 생계를 꾸려 나가야만 한다. 정말로 슬픈 현실이 다가오고 있다.

노인들의 꿈, 실버타운

실버타운은 노인들이 거주하는 데 필요한 주거 및 의료시설은 물론이고 레저·스포츠센터 등 각종 편의시설과 서비스 기능을 갖춘 복합시설단지다. 어디에 입지하고 있느냐에 따라 도시형·도시근교형·전원휴양형, 주거 형태에 따라 단독주거형·공동주거형으로 나눈다. 또 사업 방식에 따라 임대형·분양형 등으로 나누기도 한다.

미국은 실버타운의 천국이다. 노인들은 아름다운 환경과 온갖 편의시설이 갖춰진 곳에서 편안한 노후를 보낸다. 이에 비해 한국 사람들은 양로원을 미국인들처럼 선호하지 않는다. 양로원보다는 자기 집에서 살겠다고 응답한 사람들이 84.3%에 이른다는 통계청 조사가 이를 잘 말해 준다.

하지만 앞으로는 많이 달라질 것이다. 미국처럼 변한다는 말이다. 배우

은퇴하면 뭐 먹고 살래

자와 사별하거나 아니면 부부가 같이 산다 하더라도 많은 비용을 들이며 큰 집에서 산다는 것은 경제적 부담이 크기 때문이다. 자녀들이 출가한 이후에는 대부분 작은 집으로 이사하는 경우가 많을 것이다.

또 과거와 달리 경제력을 가진 노인들이 의료와 편의시설이 갖춰진 실버타운 입주를 고려하는 경우가 갈수록 늘고 있다. 살림을 해야 한다는 부담이 없는 데다 다른 사람 눈치 보지 않고 동년배와 어울려 각종 여가 활동을 즐길 수 있기 때문이다.

이보다는 못하지만 대형 병원 주변이나 각 지자체의 노인복지회관 주변의 노인형 원룸도 관심을 끌고 있다. 다양한 놀이를 즐길 수 있는 데다 친구들과 어울릴 수 있고, 값싼 식사와 건강 체크 등이 가능하기 때문이다. 서울의 경우 강북삼성병원 주변이나 경기도 과천 노인복지회관 주변 문원동이 좋은 입지로 각광받고 있다.

그러면 일본의 경우는 어떠할까. 정년 후 농촌으로 내려가 전원생활을 하려는 노인들이 있는가 하면 도심의 유료 양로원(노인홈)을 찾는 노인들도 있다. 농촌에서 전원생활을 할 것인가, 아니면 도시에서 문화생활을 즐길 것인가에 따라 선택하는 삶터가 달라지는 것이다.

인구감소를 겪고 있는 농어촌 지역 지방자치단체들은 온갖 인센티브를 제공하며 은퇴자 유치에 적극적이다. 예를 들어 아오노리·오이타·기후 현 등은 정년퇴직을 하거나 60대 이상의 노인들을 대상으로 일주일 간 전원체험 투어를 실시한다. 농가 민박 등의 현지 체험을 하게 한 뒤 귀농이나 귀촌을 유도하는 것이다. 시마네 현과 후쿠시마 현은 도쿄에 사무실까지 내고 은퇴자 유치에 열을 올리고 있다.

한편 유료 양로시설도 큰 인기를 끌고 있다. 도쿄·오사카 등 대도시 중심부에 있는 고급 양로시설들은 입주자 모집에 한창 열을 올리고 있다.

과거에는 양로시설이 주로 도시 외곽 전원 지역에 들어섰으나 최근 들어 도심으로 'U턴' 하는 현상이 뚜렷하다. 노인들이 비용은 더 들더라도 병원이나 문화시설을 쉽게 이용할 수 있는 도심 거주를 선호하기 때문이다.

일본에서는 노인홈이 2009년 말 현재 2500여 개소로 10년 전에 비해 6배 이상 급증했다. 상당수 노인홈은 의사·간호사 등이 상주하는 고급 시설로, 1인당 거주 공간이 20㎡(약 6평)가량이며 50호가 기본이다. 이용료는 보증금 50만~100만 엔에 월 10만~25만 엔으로 1억을 웃도는 우리나라의 고급시설과 비교한다면 그렇게 비싸지는 않다. 도쿄 시내 고토엔처럼 노인들의 심리적 안정을 위해 어린아이들의 보육시설을 함께 운영해 인기를 끄는 곳도 있다. 최근에는 뜻 맞는 사람들끼리 조합을 만들어 자신들이 원하는 지역에, 원하는 형태로 공동 주거지를 만들어 입주하는 경향도 나타나고 있다. 우리나라도 이러한 추세를 고려해 다양한 형태의 노인주거복지를 인정하고 스스로 자립할 수 있도록 도와주는 정책적 배려가 요구된다.

이처럼 우리나라에서는 아직 실버타운이 크게 발달하지는 않았지만, 최근 건강과 경제력을 갖춘 노년층의 독립 주거 선호 추세와 맞물려 크게 주목받고 있다. 하지만 아직 대중화되었다고 할 수는 없다. 대표적인 실버타운으로는 1988년 첫선을 보인 수원 유당마을을 비롯해 삼성생명이 운영하는 노블카운티, 서울시니어스타워, 인천 실버타운 등이 있다.

실버타운을 고를 때는 먼저 자신의 경제력에 맞는지 따져 보고, 시설 운영 회사의 재무안전성을 꼼꼼히 살펴야 한다. 만약 운영 회사가 경영을 잘못해 부도라도 내면 보증금을 떼일 수 있고, 계약 조건과 달리 서비스가 미비해 생활하기 불편할 수도 있기 때문이다. 입주자 자신과 자녀의 경제력을 고려해 적당한 곳을 선택하는데, 현재 갖고 있는 자금으로 여생을 마칠 때까지 머물 수 있는지를 따져 본다. 또한 자녀들이 쉽게 찾아올 수 있는 곳을 선택한다. 교통이 나쁘면 소외감을 느낄 수 있고 외출할 때도 불편하기 때문이다. 편의시설이나 여가시설 못지않게 잘 살펴야 할 것이 의료시설이다. 대부분의 실버타운은 의료시설을 갖추고 있지만 응급상황을 고려해 병원 서비스를 받기 용이하거나 의료서비스가 잘 이루어지는 곳을 골라야 한다.

실버타운은 현재 전국적으로 20여 곳 있는데, 절반 정도가 수도권에 몰려 있다. 비용은 천차만별인데, 입주보증금은 5천만~1억 원, 한 달 생활비는 40만~100만 원 선이 가장 많다. 입주보증금은 보통 보증금식과 상각식이 있는데, 보증금식은 상각식에 비해 상대적으로 비싸지만 입주자가 사망했을 때나 퇴소할 때 전액 돌려받을 수 있다. 반면 상각식은 입주 시 부담이 덜한 반면 보증금에서 일정액(보통 30~50%)이 거주 기간에 따라 공제된다. 한 달 생활비는 1인보다는 부부 등 2인인 경우, 1인당 비용이 좀더 저렴하다.

시설 규모나 비용에 따라 편의시설도 차이가 난다. 사우나·서예실·물리치료실 등은 기본이고, 실내수영장·골프퍼팅장·피부관리실 등으로 고급화되고 있다. 노인들의 건강을 고려해 의료서비스가 점점 더 강화되고 있는 추세다.

실버타운은 사회복지사업법 내 노인복지법 제31조, 시행규칙 제14조에 따라 구분된 노인 주거복지시설 중 양로시설과 노인복지주택에 속하지만 별도의 규정은 없다. 유료 양로시설과 노인복지주택은 같은 개념이지만, 실버타운의 경우 일상생활에 필요한 각종 편의서비스를 제공하며, 단독 취사 등 독립 주거 생활에 지장이 없는 60세 이상(부부 중 한 명)인 자에 한해 입주가 가능하다. 규모에서도 양로시설이 5세대 이상이면 되지만 실버타운은 30세대 이상이 거주해야 하고 착공과 동시에 분양 및 임대가 가능하다.

한편 실버타운은 국가와 지방자치단체 등이 재정을 지원하는 기존의 비영리 양로원이나 요양시설과 달리 입주자들이 내는 돈으로 운영되는 영리주택으로 고급 아파트와 호텔, 클리닉 서비스 등도 제공한다.

최근 건축되는 실버타운은 노인들이 사용하기 편한 각종 기자재(미끄럼방지 타일, 높낮이 조절 세면대, 위급시 호출 가능한 무선리모컨 등)와 편의시설을 갖추고 있어 정교한 운영 노하우가 필요하다.

실버타운은 일반 아파트와 달리 주차시설이 세대당 0.3대로 낮고, 자연녹지에도 건축할 수 있다는 장점이 있다. 또 분양시 취득세를 50% 감면해 준다. 이로 인해 실버타운은 실버산업 성장의 핵심으로 떠오르며 금융·여가·식자재 등 다양한 산업적 요소가 복합적으로 어우러져 조만간 엔젤산업(유아 관련 산업) 이상의 폭발적 수요가 예상된다.

6부

귀농·귀촌한다면 어떤 지자체로 가야 하나

지자체가 원하는
귀농·귀촌자

최근 들어 지방정부나 지자체들이 귀농·귀촌 은퇴자와 관광객, 기업 관련 투자자들을 유치하기 위해 발벗고 나섰다. 새로운 주민의 입주나 방문, 기업체 유치는 지역에 활력을 주고 세수 증가로 이어지기 때문이다. '모두 환영한다'고 하지만, 그렇다고 일선 시·군들이 누구나 받아들이고 싶어하는 것은 아니다. 우수한 인재들은 유치하고 싶어하지만 빈곤층이나 범죄 전력이 있는 이들은 받아들이길 원치 않는다.

　미국의 경우, 지역 주민들은 성범죄자들이 자신들이 사는 지역에 진입하지 못하도록 막고 있다. 우리나라도 만약 범죄자라는 것이 알려지면 그 사람이 붙어 있을 곳은 많지 않다. 물론 도시는 익명의 사회이므로 잘 모를 수도 있다. 하지만 농촌에서는 알려지는 순간 여러 가지 어려움에 직면하게 될 것이다. 사실 대부분의 농촌 마을은 매년 '범죄 없는 마을'로 지정되고 현판을 마을 입구에 설치하는 것을 대단히 명예롭게 생각한다.

지자체는 대체로 투자자, 부유층, 젊은 부부 가족, 은퇴자, 그리고 의사와 같은 특정 기술을 지닌 전문직업인을 유치하고 싶어한다. 반면 극빈층이나 노숙자, 범죄자, 성범죄 경력자, 신용불량자 등은 받아들이고 싶어하지 않는다. 이 때문에 특정 부류의 사람들은 유치하고 어떤 부류의 사람들은 저지하려는 노력이 하나의 논쟁거리로 되고 있다.

이해를 돕기 위해 외국의 이민정책을 살펴보기로 하자. 미국·캐나다·호주·뉴질랜드 등은 재력(미화 50만 달러 이상 투자이민)이 있거나 고학력자, 또는 특별한 재능을 가진 사람들에게는 문호를 적극 개방한다. 이는 거꾸로 보면 그들에게만 문호를 개방하는 폐쇄적인 이민 정책을 사용한다는 말이다.

아직까지는 대부분의 지자체들이 인구증대가 효과적이라고 생각한다. 하지만 지역 내에서 문제가 하나 둘 터지면 도시에서 온 이주민을 바라보는 시각이 달라질 수밖에 없다. 그에 따라 지역 안에 들어오는 사람들의 귀농·귀촌에 신경을 쓰게 마련이다. 좋고 착한 귀농·귀촌자는 적극 유치하려 하겠지만, 그렇지 않은 사람들에 대해서는 보이지 않는 차별과 배제를 택하는 이중정책을 사용할 것이라는 말이다.

강원도 홍천의 한 귀농인이 인삼 수확을 빙자해 마을 주민들에게 수억 원을 빌린 뒤 달아나 경찰이 수사에 나섰다. 홍천경찰서와 주민들에 따르면 몇 년 전 귀농한 이모(61) 씨가 홍천 서면 모곡리와 길곡리 주민 6명으로부터 500만~수천만 원씩을 빌린 뒤 이를 갚지 않고 달아났다. 경찰에 신고 접수된 피해 금액만 4억 4천여만 원에 이른다. 또 인근 철물점과 농자재점에 농약을 비롯한 자재값과 인건비도 이씨가 모두 외상으로 해

은퇴하면 뭐 먹고 살래

놓은 상태여서 피해 규모는 더 늘어날 것으로 보인다. 서울에서 살다 1990년대 후반부터 가끔 마을에 들러 포도농사를 짓던 이씨는 2003년 본격 귀농 후 6년근 인삼 농사를 짓겠다며 마을의 밭을 임대한 후 주민들에게 돈을 빌리기 시작했다.

"6년 뒤 인삼을 수확하면 높은 이자를 챙겨 주겠다"는 그의 말에 순박한 주민들은 선뜻 돈을 내줬고, 처음으로 인삼을 수확한 2008년에는 일부 주민들에게 이자와 돈을 조금씩 갚기도 했다. 그러나 이씨의 인삼밭과 향후 4년간 수확할 수 있는 5억~7억 원 상당의 인삼은 이미 지난해 11월께 다른 사람에게 1억 6천여만 원의 헐값에 팔아넘긴 것으로 드러났다.

피해 주민 최모(59·여) 씨는 "우리 마을은 앞으로 귀농인이나 외지인을 받아줄 수가 없다"며 "십여 년간 형제처럼 지내온 주민들을 등친 외지인 때문에 마을 분위기가 흉흉하다"고 말했다. 이에 따라 주민들은 지난 3일 이씨를 경찰에 고소했다. 경찰은 이씨에 대해 출국금지 및 지명수배 조치하고 행방을 쫓고 있다.   -연합뉴스, 2010. 3. 26

　

귀농·귀촌 초기에는 다양한 사람들이 이 지역 저 지역에 자유롭게 내려가 살겠지만 이 같은 불미스러운 일이 생기면 폐쇄적으로 변할 수밖에 없다. 따라서 은퇴 후 시골로 내려가 살려는 사람들은 지역 사정을 잘 알고 지역 주민들과 슬기롭게 지낼 수 있는 방안을 마련해야 한다.

결국 지자체가 추진하는 인구유치정책과 귀농·귀촌민의 이해가 맞아떨어져야 한다. 그래야만 지역주민과 이주민 사이에 갈등이 적고 조화로운 삶을 살 수 있다. 도시민이나 은퇴자의 입장에서 가장 좋은 것은 나누어주고 봉사하는 마음으로 자신이 도시에서 생활하면서 익힌 전문지식이나 정보, 특기를 가지고 은퇴 후에도 지속적으로 새로 정착한 곳에서 인정받는 것이다.

귀농·귀촌자 유치는 지자체 마케팅의 핵심

인구 3만 혹은 5만 이하의 지역에 외지 사람들이 들어온다는 것은 대단한 호재다. 회생불능을 걱정할 정도의 지자체에 인구가 유입되면 경제력과 노동력이 배가되기 때문이다. 정부로부터 각종 교부금을 받을 수도 있다. 유치 과정에서의 호의적인 지원과 편의는 지자체장의 표로 연결될 가능성도 높다. 또한 농산물 판매 등 지역경제 활성화에도 도움이 된다. 뿐만 아니라 귀농·귀촌자를 매개로 이루어지는 다양한 소통은 지역에 활력을 불어넣어 준다. 이처럼 지역은 귀농·귀촌자 등 이주민으로부터 사람과 돈, 정보를 얻어 활력을 높일 수 있다.

2010년 2월 전라북도 지역 주요 정당들과 '시민매니페스토만들기 전북본부'는 6·2 지방선거에 앞서 '2010 전북도민 10대 아젠다'를 발표했

은퇴하면 뭐 먹고 살래

다. 그중 1위가 '지역경제 활성화 및 기업 유치로 일자리 창출'이었다. 역시 인구와 자본의 유입이라고 할 수 있다. 전북 인구는 1966년 252만 명(전국 8.8%)에서 해마다 평균 2만 4000명씩 감소해 2009년 말 189만 명까지 줄었다. 전북 경제의 현황은 농업 등 1차산업 비중이 10.5%로 전국 평균 4.1%보다 2.5배 정도 높다. 인구유출의 원인으로는 취업 등 경제적 문제가 57%, 교육 문제가 27%를 차지하는 것으로 나타났다. 특히 2007년에는 실업 인구가 2만 명으로, 이중 70%인 1만 4000명의 청년실업자가 구직을 위해 전북을 떠났다. 취업 문제가 심각함을 알 수 있다.

이에 전북은 2001년부터 2009년 10월 말까지 약 668개의 기업을 유치했는데, 기업 유치 효과로는 인구 증가와 지방세 수입 증가를 꼽을 수 있다. 2007년에 33억 2500만 원이던 지방세가 2009년 11월 말에는 125억 600만 원으로 증가한 것이다. 군산 인구는 2007년 말부터 2009년 10월 말까지 5000명 정도 증가했고, 완주군은 1400여 명 증가했다.

문제는 이러한 기업 유치에도 불구하고 지역 경제는 달라진 게 별로 없다는 것이다. 도내 이전 기업의 대부분이 100인 이하 중소기업과 조선·화학·기계 등 첨단 업종과 거리가 먼 기업들이기 때문이다.

게다가 전북은 우리나라 전체 산업구조 재편 과정에서 10년 정도의 시차가 있다. 외부 기업이 유입되기 전에 있던 기업들은 상당부분 구조조정되고 있다. 전북도민들은 중앙정부의 예산에 기대지 않고 지역사회 삶의 질을 높일 수 있는 일자리 창출과 경제활성화가 필요하다고 본다. 아울러 기업 유치 효과에 대한 지역사회의 인식이 달라져야 한다고 본다. 고용 없는 성장 시대에 지자체 차원의 일자리 창출이 중요하다는 것이다.

기업이 지역에 들어오는 것은 좋지만 부정적인 영향도 많다. 그럼에도 이러한 문제는 철저히 베일에 가려져 있다. 예를 들어 지자체는 기업을 유치하기 위해 다양한 특혜를 준다. 시세보다 낮은 가격에 팔거나 심지어 무료로 토지를 제공하기까지 한다. 뿐만 아니라 각종 인프라도 지원해 준다. 하지만 지역의 일자리 창출과 소득은 전북의 사례처럼 별로 나아진 게 없는 경우가 많다.

그러나 귀농·귀촌자의 유입은 이와 다르다. 기업은 이익이 나는 곳으로 철새처럼 이동하지만 이들은 지역에 정착해 살면서 철저하게 지역주의를 지향하고 지역과 일체화되려는 의지가 강하다. 인생의 마지막 거처로 생각하는 만큼 애착 또한 강하다. 따라서 지자체들은 은퇴 후 농촌에서 살려고 하는 사람들을 배려하는 정책을 세우는 것이 바람직하다.

 은퇴 귀농자가 알아야 할
농촌 비밀 몇 가지

우리나라의 농촌 인구는 지속적으로 감소해 2009년 말 현재 도시화율이
90%를 넘었다. 이는 미국보다도 높은 수치다. 세계에서 유래를 찾아보기
힘들 정도로 단기간에 도시화가 급속히 이루어진 것이다. 정부로서는 자
랑스러워하겠지만 이는 전혀 자랑스러운 통계가 아니다. 오히려 부끄러
워해야 할 통계다. 지역 경제가 파탄나고 마을이 없어지고 있다는 말에
다름 아니기 때문이다.

　1995년 550만 명이었던 농민은 15년이 지난 2010년 330만 명으로 줄었
다. 무려 절반에 가까운 220만 명이 농촌을 떠난 것이다. 이들에게 떠난
이유를 물었더니 50%가 농가부채, 30%가 자식교육, 20%가 열악한 문화
와 의료 환경 때문이라고 답했다.

그러나 은퇴 후 귀농·귀촌하는 사람들의 경우는 일단 자식교육이 어느 정도 끝났다고 보아도 무방하다. 따라서 나머지 70%의 위험에 대비하기만 하면 된다. 부족한 문화와 의료시설은 좋은 공기와 물 등 본인이 선택한 자연환경으로 대체할 수 있다. 의료시설은 열악하지만 좋은 자연환경과 안전한 먹거리로 대체한다는 것이다.

문제는 농가부채다. 기존의 농민들을 따라하다가는 50% 이상 실패한다고 보면 틀림없다. 지난 2009년 농가의 평균소득은 3100만 원이었지만 부채는 호당 2700만 원에 육박했다. 1년 내내 농사지어도 이자를 내고 나면 남는 게 별로 없는 구조인 셈이다. 또 도시 평균소득을 100으로 볼 때 농촌 평균소득은 65% 수준에 불과하다. 1988년까지만 해도 도시와 농촌의 평균소득이 100:100으로 비슷했지만 1989년부터 2010년까지 계속해서 떨어져 이제는 60% 이하로 떨어질 것을 걱정해야 하는 실정이다. 농정은 어디 가고 농민들이 왜 데모하고 농촌 노인들이 자살로 목숨줄을 놓을 수밖에 없는지 안타까울 따름이다.

따라서 귀농·귀촌하기 전에 자신이 농사에 적성과 자질이 있는지 알아보는 것이 무엇보다 중요하다. 도시에서 텃밭가꾸나 취미농을 했다면 모르지만 처음부터 대량농업에 뛰어들어 농기계를 구입하는 등 외형적 농업을 하다가는 실패하기 딱 알맞다.

농업으로 성공하려면 자본력과 농업력, 가공 능력, 시장지배력, 유통과의 협력 등 다방면에서 뛰어나야 한다. 하지만 새로 진입한 귀농·귀촌자들이 이 시장에서 두각을 나타내기란 어렵다. 이것이 쉽다면 농촌 현실이 지금처럼 어렵지는 않을 것이다. 또 다른 하나는 공업과 달리 농업은 기후와 기상이라는 변수가 있어 인간의 뜻대로 되지 않는다는 것이다. 2010년 가을의 배추 파동을 생각하면 쉽게 납득이 될 것이다.

은퇴하면 뭐 먹고 살래

따라서 귀농·귀촌자들은 자신의 먹거리와 함께 자식이나 지인들에게 공급할 수 있을 정도의 취미농을 하는 것이 좋다. 더불어 자신이 가장 잘 할 수 있는 일을 이주지에서 개척하는 것이 좋다. 그렇다고 평생 모은 돈을 몽땅 쏟아부어서는 곤란하다. 농사로 승부 보려는 생각은 한 10년 정도 지내고 할 일이다. 그 바닥 정서도 알고 내용도 잘 알아야 승부수를 던질 수 있을 것이다. 농촌에서 생을 마감하겠다는 확신이 들 때까지 자본 투자는 최대한 억제하는 것이 현명하다. 도시에서 귀농·귀촌한 사람들이 기존의 농업 부문에서 경쟁력을 가지려 한다면 실패할 확률이 높다.

물론 개중에는 귀농해서 수십억대의 대박농으로 성공하겠다는 의지를 불태우고 있는 사람도 있을 것이다. 하지만 농업으로 성공하려면 신사업 부문에 뛰어들어야 하는데 그게 녹록치 않다. 예를 들어 한미FTA 대상 품목이 1530가지인데, 그 가운데 우리가 해외 식탁에 공급하는 것은 50여 가지에 불과하다. 그 50여 가지를 100가지로, 300가지로, 500가지로 늘려 나가기 위해서는 신규 투자를 해야 한다는 말이다.

도시 은퇴자는 최근의 트렌드를 받아들이고 새로운 식품이나 음식문화를 익히는 데는 기존의 농민보다 앞설 수 있지만, 신품종을 재배생산하는 농업은 결코 만만한 품목이 아니다. 일단 실험재배에 성공한 뒤, 지자체의 협력을 이끌어내야 한다. 하지만 수준도 천차만별인 데다 외지인에 대해서는 아예 문을 열려고 하지 않는 지자체도 많다. 아무래도 농촌은 도시와 달리 보수적이기 때문이다. 또한 지역 농협과의 관계를 잘 풀어 나가야 한다. 이밖에도 협업생산, 유통 마케팅, 브랜드 가치 상승, 수출 지원 등 산 너머 산이다.

물론 도시에서 터득한 노하우를 살리고 자신의 네트워크를 잘 활용한다면 농민보다는 쉬울 것이다. 잘 하면 연간 10억 이상 소득을 올리는 대박농이 될 수도 있다.

해외 농산물 시장을 확대하기 위해서는 정부 차원의 연구개발이 획기적으로 강화되어야 하지만 현실은 초라하기 짝이 없다. 정부의 연구개발 예산은 매년 11조 원 정도 책정되지만, 그중에서 농업 분야는 1100억 원으로 전체의 1%에 지나지 않는다. 농업을 효자산업으로 만들기 위해서는 연구개발 투자가 늘어나고, 먹거리 3안(안정·안전·안심)이 국가경쟁력을 높인다는 사고의 일대 전환이 필요하다.

하지만 지금의 대한민국은 오크통 중간에 구멍이 난 격이라고 해도 과언이 아니다. 아무리 에너지를 쏟아 부어도 에너지가 다 밖으로 새어 나온다. 다름 아닌 농업·복지·국방이다. 그러나 농업경쟁력을 높이지 않고 4만 달러대의 선진국에 진입하기란 어렵다.

우리나라에서 반경 500킬로미터 안에 1억 2000만 명의 일본과 고소득자 1억 3000만 명의 중국이라는 거대시장이 있다. 특히 일본은 한 해 60조 원에 이르는 농산물을 해외에서 수입하고 있다. 이중에서 한국이 수출하는 농산물이 2%밖에 안 된다는 사실은 여러 가지 점에서 곱씹어 볼 만한 대목이다. 점유율을 10%로 높인다면 6조 원의 수익을 올릴 수 있다. 현재 파프리카는 70%, 백합은 93%, 접목선인장은 100%에 가까운 점유율을 자랑하고 있다. 도시에서 이주한 귀농·귀촌민이 마케팅을 맡고 농민들은 좀더 기술력 있는 생산을 한다면 수출을 얼마든지 늘릴 수 있다. 나아가 현재 침체의 늪에 빠져 있는 지역사회도 획기적으로 성장할 수 있다. 만일 경험 많은 신규 인력과 정부의 연구개발 지원, 농민의 노력, 지자체의 행정 혁신이 어우러진다면 농업을 효자산업으로 만드는 것은 시간 문제다. 반농반사의 정신에서 교훈을 찾아야 한다.

은퇴하면 뭐 먹고 살래

은퇴자와 지자체가
상생하는 길

은퇴자들이 어디로 갈 것인가를 고민한다면 지자체는 누구를 받아들일 것인가를 고민한다. 지금과 같이 귀농·귀촌자에 대해 호의적인 지자체 정책이나 정부 정책은 이어지겠지만, 전국 3만 5900개의 행정 리(里) 단위에서는 '누구를 받아들일 것인가'를 두고 비묘한 입상 차이가 있을 것이다.

모든 지자체는 지역의 인구 변화를 주의 깊게 살핀다. 인구 변화가 지자체의 흥망성쇠와 밀접한 관계가 있기 때문이다. 인구증가는 시장확대, 고용증대, 경제규모 확대를 가져온다. 반대로 인구감소는 지역 경제의 축소와 실업, 디플레이션을 가져온다. 현재 낮은 출생률을 보이고 있는 한국이나 일본, 대만 등 동북아시아 3국의 경제적·정치적 쇠퇴를 예견하는 목소리가 나오고 있는 것도 그 때문이다.

미국 루이스 캐피탈 마켓의 벤 바텐버그는 "일정 규모 이상의 인구가 없는 국가 또는 집단은 지속적으로 세계에 대한 영향력을 기대할 수 없다"고 말한다. 이때 일정 규모는 약 7000만 명인데, 7000만 명은 내수로 자동차산업이 안정적으로 굴러가는 수준이라고 한다. 인구감소가 지역이나 국가의 몰락으로 이어질 수 있다는 말이다.

실제 지자체의 인구감소 사례를 살펴보자. 1969년 충북 단양군은 9만 3948명으로 인구 정점을 기록한 후 해마다 하향곡선을 그려 2010년 6월 현재 3만 1847명으로, 40년 만에 무려 인구의 66.2%인 6만 2101명이 줄어든 것으로 나타났다. 3명 중 2명이 다른 지역으로 떠났다는 말이다. 또 인구가 4만 명 선 아래로 떨어진 2000년 이후에는 매년 1000명가량 줄어들었으며, 최근 5년 동안은 해마다 100~500명이 감소하고 있다.

이 같은 추세라면 몇 년 안에 3만 명 선이 무너져 '미니 지자체'로 전락할 가능성이 높다. 미니 지자체가 되면 공무원 정원이 축소되고, 정부의 교부세 지원이 줄어든다. 이처럼 지방교부세가 감액되고 행정조직이 축소되는 등 각종 부작용이 우려됨에 따라 단양군은 다양한 인구늘리기 시책을 펴고 있다. 교육청과 경찰서, 군부대, 사회복지시설 등 공공기관의 주민 유치와 '단양주소갖기운동'을 전개하고 있는 것.

하지만 그 어떤 정책도 인구감소를 막기에는 역부족인 듯하다. 농촌의 젊은이들이 교육과 취업 등의 이유로 도시로 빠져나가기 때문이다. 단양군은 그래도 최근 들어 급격한 감소세가 둔화됐다는 것에 상당히 고무돼 있다.

단양군의 사례에서 보듯이, 인구감소는 기업 유치 노력도 제자리걸음을 면치 못하게 한다. 과거 시멘트산업이 건설 경기 둔화 등으로 약화되

은퇴하면 뭐 먹고 살래

자 지역 성장동력 부재로 인해 투자 의욕이 저하되고 지역 상권이 위축되는가 하면 출산율이 감소하고 전입에 비해 전출이 더 많아졌다. 그래도 단양은 아직 나은 편에 속한다.

만약 단양에 대기업에서 운영하는 대형 마트가 입점하면 지역 상권의 싹은 아예 죽어 버리고 말 것이다. 그나마 지역에서 돌아다니는 돈이 대형 마트의 본사가 있는 서울로 빨려들어갈 것이기 때문이다.

물론 어떤 지자체도 늘 잘 될 수는 없다. 지역은 생명체와도 같기 때문에 탄생과 성장, 절정, 쇠퇴, 몰락을 거듭하게 마련이다. 도시와 산업도 성장과 쇠퇴, 몰락을 할 수 있다는 사실을 잊어선 안 된다. 예를 들어 지금 잘 나가는 조선·자동차·철강 산업이 언제 어떻게 될지 모른다. 이들 삼형제의 경우, 과거 1950년대 이전에는 미국이 종주국 역할을 했다. 이후 1980년대까지는 일본이 최고의 전성기를 누렸고, 1990~2010년까지는 한국이 종주국 역할을 해왔다. 하지만 이제는 그 역할을 곧 중국과 인도에 넘겨주어야 할 형편이다. 현실안주는 곧 몰락을 의미한다. 도시의 은퇴자들 역시 현실안주가 아닌, 변화하고 능동적인 삶의 주체라는 자각을 해야만 노년의 성공학이 나올 수 있다.

일자리를 만들어 인구유출을 막겠다는 정책은 어제오늘 나온 얘기가 아니다. 인구정책이 경제정책과 맞물린 이상 취약한 산업구조 개편이란 난제를 풀기에는 어려움이 많다. 단양과 같은 지자체가 한두 곳이 아니다. 전국에 3만 명 이하의 지자체로는 인천시 옹진군, 강원도 화천·양구·양양군, 전북 진안·무주·장수군, 전남 구례, 경북 군위·청송·영양·울릉군 등이 있다.

이들 지자체는 전략적·지역적으로 우수 귀농·귀촌인들이나 물리적 자본을 유치하려 노력하고 있다. 한마디로 능력있는 사람들을 유치하겠다는 것이다. 지자체와 귀농인들이 잘 협력해서 상생 모델을 만들면 좋을 것이다.

귀농·귀촌정책 누가 만드나

현재 귀농·귀촌 관련 정책은 농림수산식품부에서 주관하고 있는데, 방도혁 주무관이 대부분의 일을 맡아 처리했다. 전남 장흥에서 태어난 방씨는 어떻게 하면 도시민들을 농·산·어촌에 잘 정착시킬 것인가 고민하느라 살찔 겨를이 없다. 매일 밤 12시 퇴근은 기본이고 주말도 반납하기 일쑤다. 아이들이 아빠 얼굴은 아침식사 할 때나 한 번 보기 때문에 '15분 아빠'라는 별명이 붙었을 정도다.

그는 몇 가지 귀농 관련 원칙을 가지고 있다.

1. 귀농·귀촌 정착 과정은 소득 창출과 연계되어야 한다.
2. 소득이 발생하려면 지역사회 내 네트워크가 형성되어야 한다.
3. 귀농하기 이전부터 농업과 농촌 교육을 철저하게 받아야 정착할 수 있다.
4. 귀농 규모화는 철저한 시장조사와 검증을 전제로 해야 한다.

이러한 방 주무관의 노력은 서서히 빛을 보기 시작해 지난 2009년부터 귀농·귀촌이 하나의 사회적 대안으로 떠오르면서 붐을 불러일으키고 있다. 공무원 한 사람의 헌신적인 노력이 사회 변화의 변곡점이 되기도 한다는 것을 보여준 예라 할 것이다.

은퇴하면 뭐 먹고 살래

지자체의
인구유치 정책

새로운 지역주민을 유치하는 경우에도 누구를 어떻게 유치할 것인가, 아니면 배제할 것인가의 문제가 있다. 이는 나라 또는 지역마다 다르다. 그 때문에 한 나라 안에서도 은퇴자의 천국이 있는가 하면, 은퇴자가 전혀 가려고 하지 않는 지역도 있다. 개중에는 지역감정으로 인해 피해를 보는 지자체도 많다. 우리나라의 영호남 혹은 충청권 갈등이 그것이다. 지금도 눈에 보이지 않는 차별이 존재한다고 믿는 사람들이 많다.

미국의 어떤 지역에서는 특정 부류의 사람들을 강제로 추방하기 위해 온갖 수단과 방법을 다 동원한다. 부랑자 및 방랑자 법안, 투표를 목적으로 한 문맹 테스트, 사회보장제도 수혜를 위한 주거조건, 성 관련 전과자의 거주제한, 불법침입금지법안 등이 그것이다. 외국인들에 대해 엄격한

비자 심사로 추방이나 일시구금 따위의 방법으로 출국을 강요하기도 한다. 국가가 원하지 않는 사람들을 강제로 추방하는 것이다.

반면 지역에 부합하는 특성과 요구 조건을 갖춘 주민들을 유치하기 위해서는 발벗고 나선다. 그렇다면 지자체들은 어떤 사람들을 원할까.

첫째, 비숙련 노동자보다는 숙련 노동자를 원한다. 노동력 부족 현상을 해결하기 위해 전문가를 원하는 것이다. 농촌에 와서 단순히 머물려는 사람들보다는 갖고 있는 지식과 전문성을 발휘해 도움을 줄 수 있는 농업 전문가나 숙련자, 또는 농촌 경험이 있는 자를 원한다는 말이다. 한마디로 현재의 농업을 고부가가치화시켜 줄 사람을 원한다. 반면 저출산고령화 지역에서는 노인에 대한 지출을 줄이기 위해서 지나치게 나이가 많은 은퇴자들은 기피하는 경향이 있다.

둘째, 경제력이 있는 은퇴자들을 유치하길 원한다. 가능하다면 대졸 등의 고급 노동력을 유치하려고 한다. 고급 노동력이 고급 일자리를 창출해 지자체의 품격이 올라갈 수 있도록 하기 위해서다.

인적 자본은 특정 지자체의 사회경제를 활성화하는 데 매우 중요한 요인이다. 아마도 베이비부머가 은퇴하는 2020년이 되기 전에 이러한 경향은 좀더 뚜렷해질 것이다. 지자체 정책 개발자들은 인적 자본을 내부에서 훈련시켜 만들 것인지, 아니면 다른 지자체에서 유치할 것인지를 선택해야 한다. 대부분의 과소 지자체는 지역 내에서 인력을 육성하는 데 이미 한계에 도달했다. 인구 3만에 노령인구가 40%를 초과하는 지자체에서 인력 육성은 공허한 메아리에 지나지 않는다. 고등학교를 졸업해도 일자리가 없어 지역을 떠나는데 늙어서 돌아온다고 해 무슨 도움이 될 것인가.

이런저런 이유로 지자체들은 젊은 은퇴자들을 유치함으로써 얻는 막대한 편익과 인구유치를 위한 새로운 형태의 지자체 간 경쟁에 대해 인식

은퇴하면 뭐 먹고 살래

하기 시작했다. 현재 농림부 산하의 농업인재개발원(www. agriedu.net)이 농업인력 육성을 담당하고 있는데, 귀농·귀촌 준비자나 지자체 정책 관련자는 이 사이트를 자주 방문하면 도움이 될 것이다.

상주시의 귀농정책 사례

경상북도 상주시는 전국 지자체 중에서 농업소득이 1조 원에 육박하는 최대 농업도시다. 억대 부농이 4000명에 이르는 아름다운 도시지만, 땅값은 싼 편이다. 다른 도시의 경우 특정 작목에만 부농이 집중되는 경향이 강하지만, 상주는 다양한 품목에서 억대 부농이 나온 특이한 곳이다. 과연 상주의 억대 부농은 어떻게 만들어졌을까.

상주시가 인구유치를 할 때 가장 주안점을 둔 것은 도시민들이 '과연 시골로 내려와 제대로 정착할 수 있을까'이다. 경제적으로 일정한 소득을 올리면서 문화적으로도 지역사회에 정착해야 한다는 말이다.

이를 위해 상주시 농업기술센터 김주태 계장은 약 5년간 지자체 차원의 귀농·귀촌 대책과 억대 상주 농민을 연결해 주는 방안을 마련했다. 상주시에 정착하려는 도시민을 도울 수 있는 체계적인 지원 프로그램을 준비한 것이다. 이를 위해 상주의 '억대 농부' 100여 명을 멘토로 선정해 귀농·귀촌자를 돕기로 계획을 세웠다. "브랜드화된 5대 작목 '억대 농부'와의 '멘토 결연' 프로그램"은 이렇게 해서 탄생했다.

이처럼 상주는 도시 귀농 희망자들에게 토지와 정착금 지원을 앞세우는 다른 지역과 달리 사람을 소개해 준다. 도시 귀농·귀촌자들을 상주 지역에서 이미 검증되고 브랜드화된 '억대 농부'들과 생산·유통·가공 면에서 체계적인 네트워크를 맺어 주는 것이다.

성공 농사 시스템을 구축하기 위해서는 단순히 농업기술뿐만 아니라 판로 확보와 가공·유통 등 다양한 분야에서의 '브랜드화'로 이어져야 함을 알고 있기 때문이다. 상주시 농업기술센터는 해당 분야 전문농업인과 귀농인 간의 네트워크 형성이야말로 성공의 관건이라고 본다.

상주의 대표 작목인 곶감·포도·배·오미자·인삼과 홍삼·오이·한우·육계 등은 전국적으로도 브랜드화에 성공한 만큼 그 노하우를 고스란히 도시 귀농 희망자들에게 전수하는 것이 상주와 은퇴 도시민이 공생하는 방안일 것이다.

은퇴하면 뭐 먹고 살래

어떤 지자체를
선택할 것인가

앞서 말했듯이 산업화가 급속히 진행되면서 많은 지역들이 인구감소에 따른 지역사회 침체를 경험하고 있다. 이에 각 지자체들은 인구유출을 막기 위한 갖가지 대책을 마련하고 있다. 예를 들어 은퇴자 유치 정책을 펴는가 하면 낮은 세금으로 특정 산업을 유치하려 한다. 그 과정에서 교통 편리성을 강조하기도 하고, 토지 가격이 저렴하다는 점을 내세우기도 한다. 최근에는 맑은 공기와 물, 인심을 자랑하는 지자체도 있다.

　주민 유치를 위해 수도권 지하철과 역사, 버스, 택시 등에 광고를 하기도 한다. 이들이 원하는 것은 새로운 주민과 기업체를 유치하고, 기존의 기업과 주민은 떠나지 않도록 해서 지역 역량을 강화하는 것이다. 기업체 하나가 떠나면 그 기업만 떠나는 것이 아니다. 그 기업과 공생 관계에 있는 식당, 편의점, 주점, 이·미용실 등 서비스 시설도 모조리 떠난다. 뿐만 아니라 협력업체도 떠난다. 그렇게 되면 지역 활력이 떨어질 수밖에 없다. 반대로 새로운 주민의 유치는 지역사회에 활력을 불어넣는다. 농지가 개발되고, 주택이 건설되고, 학교에 새로운 학생들이 전입해 온다.

그런데 1980년대와 1990년대에 일부 높은 성장을 구가한 지역들의 경우, 예상치 못했던 문제가 발생했다. 포항·울산·거제·광양·군산·당진 등지에서는 인구증가가 보다 많은 고용과 높은 수입, 낮은 세금 등을 예상하고 있던 주민들의 기대에 부응하지 못했다. 그런가 하면 양주·연천 같은 피혁 가공지에서의 성장은 하부 고용을 증가시켰지만 주거·교통·수질 환경의 악화로 생활의 질을 떨어뜨렸다는 비판을 받고 있다. 심지어 이러한 문제를 해결하기 위해 예상보다 많은 세금을 내야 하는 상황까지 발생했다.

일부 지자체에서는 개발 및 성장 정체와 같은 문제로 주민 정서와 싸우고 있기까지 하다. IMF 이후 경기가 회복되었다가 다시 성장세가 주춤해지자, 고성장정책에서 현상유지정책으로 돌아서는 지자체도 생겨났다.

물론 지역도 기업이나 사람과 마찬가지로 성장하고 쇠락하는 흥망성쇠의 길을 걷는다. 따라서 계속 확대재생산하기 위해서는 생산과 소득에서의 장기적 전망을 마련해야 한다. 이를 위해서는 지자체 차원의 인구유입 계획이 필요하다. 은퇴 후 도시민이 결국 선택하게 되는 곳은 능동적인 자세를 갖고 있는 지자체 공무원과 지역 발전 의지가 확고한 지자체장이 있는 지역이기 때문이다.

이에 반해 서울이나 수도권처럼 성장을 제한하려는 지자체들은 토지 사용과 구획화, 주택 건축을 용적률과 건폐율로 통제한다. 개발 비용을 인상함으로써 개발을 억제하거나 혹은 성장 비용을 주택 소유주가 지불

은퇴하면 뭐 먹고 살래

하도록 하는 것이다.

　그러나 수도권 일부 지자체나 서울도 인구가 감소해 도시 편리성이나 어메니티 환경이 개선되기를 바라지만 세수감소를 원하지는 않는다. 이처럼 이율배반적인 환경 속에서 은퇴자는 무엇을, 그리고 어느 곳을 선택할 것인가가 매우 중요하다.

미국 지자체의 은퇴자 유치 사례

현재 대부분의 지자체는 누구든 오기만 하면 일단 환영하는 분위기다. 그러나 앞으로 지자체가 각기 특성화되어 브랜드 가치를 소중히 여기는 분위기로 변화한다면 '우리는 이런 사람을 원합니다'라는 형식의 공고가 나오지 말란 법도 없다. 마치 대기업이 신입사원을 뽑을 때 광고하는 것과도 같다. 어떤 지자체는 숙련 노동자나 고소득자를 유치하려 할 것이고, 또 어떤 지자체는 돈 많은 비숙련 노동자를 유치하려 할 것이다. 이때 자신들이 원하는 사람들에게는 인센티브를 주기도 할 것이다. 그에 따라 사람들은 각기 자신에게 맞는 지자체를 선택해서 갈 것이다.

미국은 현재 약 3조 달러로 추정되는 베이비부머들의 자산을 유치하려는 경쟁이 치열하다. 마케팅의 석학 필립 코틀러는 그의 저서 『*Marketing*

은퇴하면 뭐 먹고 살래

Places』에서 플로리다 주의 경우, 1980년대 인구증가의 90% 이상이 은퇴자들이라는 것을 특징으로 꼽았다. 은퇴자들이 따뜻한 기후와 낮은 물가, 건강관리에 유리하다는 이유로 플로리다 주를 선호했기 때문이다. 이로 인해 플로리다는 지난 10여 년간 미국 내의 은퇴자 유치 1위를 차지했다.

실제 플로리다 주는 1985년에서 1990년 상반기까지 노인층 유입에 힘입어 약 50억 달러의 순소득을 올렸다. 2008년 7월 현재 플로리다 주의 65세 이상 노인 인구는 17%로, 미국 내 '은퇴자의 메카'라는 명성을 지키고 있다. 그 뒤를 이어 애리조나 주가 10억 달러의 순소득을 올려 2위를 차지했다. 반면 뉴욕 주는 노인층 유출로 29억 달러에 달하는 손해를 입었다. 일리노이 주도 같은 기간 약 29억 달러의 손실을 입었다.

미국의 최근 동향은 남부 플로리다·조지아·애리조나 등 선벨트(Sun Belt : 미국 남부 15개주에 걸쳐 있는 지역. 남동부의 버지니아·플로리다 주에서 남서부에 있는 네바다 주를 거쳐 캘리포니아 남부에 이르는 지대)로 이동하는 인구가 2000~2006년 평균 3.1%에서 2007~2009년 평균 7.7%로 낮아졌다는 것이다. 이는 경기침체와 자산가치 하락으로 베이비부머들이 계속 대도시에 머물면서 은퇴를 미루고 있기 때문이다.

그렇다면 지자체의 경쟁력을 좌우하는 요인은 무엇일까. 재테크 전문가인 켄 돌란과 다리아 돌란 부부가 〈CNN머니〉에서 제시한 '은퇴 후 돈 절약하는 7가지 방법'을 보기로 하자. 이들의 주장은 "불필요한 고정비용을 없애라", 그러면 "연간 수천 달러를 절약할 수 있다"로 요약된다.

먼저 생명보험을 해지하게 되면 연평균 500달러가 절약된다고 한다. 자동차를 한 대로 줄이면 연간 약 8000달러가 절약된다. 미국 은퇴자의 평균 신용카드 빚 1만 235달러를 청산하면 1년 이자 1474달러가 절약된다. 또 은퇴 후 작은 평수로 집을 옮기면 최소 3000달러가 절약된다. 이밖에 노인할인제 활용이나 여행경비 절감 등을 통해 4000달러를 절약할 수 있다.

돌란 부부가 7가지 방법에서 특히 강조한 것은 '생활비 싼 곳으로의 이사'다. 이들은 생활필수품·외식·여가생활 등이 은퇴자의 지출 대부분을 차지한다는 점을 주의깊게 보고는 생활비가 싼 곳으로 이사가는 것이야말로 현실적으로 돈을 절약하는 방법이라고 말한다. 예컨대 미시건 주 앤아버에서 사우스캐롤라이나 주 그린빌로 이사하면 연간 생활비 25%를 절약할 수 있다고 한다.

한편 사우스캐롤라이나 주의 윌리엄스버그 카운티에 있는 킹스트리시는 다음 10가지 특징으로 세계에서 가장 주목받는 은퇴의 낙원이 되고 있다. ① 역사적인 도시, ② 소도시에서의 느리지만 안락한 삶, ③ 낮은 세금과 합리적인 부동산 가치, ④ 우호적인 분위기, ⑤ 사냥·낚시 및 골프 천국, ⑥ 산과 해변으로의 접근 용이, ⑦ 2년제 전문대학에서의 평생교육 기회, ⑧ 중심지에서의 상업 및 오락 활동, ⑨ 모든 종교의 신앙 생활 장소, ⑩ 공항·고속도로·철도 등 편리한 접근성이 그것이다.

농촌진흥청 윤순덕 박사는 미국의 앨라배마·아이다호·노스다코타·워싱턴·아칸소·사우스캐롤라이나 주 말고도 다른 주들 역시 1980년대 후반부터 은퇴자들을 농촌 지역으로 끌어들이려는 노력을 지속적으로 해왔다고 강조한다. 지역 정보를 요청하는 은퇴자들에게 지역 마케팅 잡지나 안내서를 우편으로 발송하기도 하고, 고속도로 관광안내소에 비치하기도 한다. 한 예로 조지아 주는 주의 상세 지도, 마을 명소와 휴양지, 여행안내소, 지역 상공회의소 전화번호와 주소 등을 담은 『내 마음의 조지아』라는 안내서를 발간했다.

그런가 하면 사우스캐롤라이나 주와 경쟁하고 있는 조지아 주를 비롯

은퇴하면 뭐 먹고 살래

해 미시시피 주와 미시건 주 등에서는 1990년대 초반에 이주해 오거나 지역에 살고 있는 은퇴자의 소득에 대해서는 세금을 부과하지 않는 법안을 발표했다. 순전히 지역 홍보를 목적으로 은퇴자 세제 특혜 법안을 마련한 것이다.

그러나 이것은 주의 소득세 수입 감소와 은퇴자와 비은퇴자 간의 소득세 납부 의무의 불평등을 초래함으로써 오히려 은퇴자 유치 노력에 찬물을 끼얹는 결과를 낳았다. 또한 은퇴자 유치를 둘러싼 주들 간의 경쟁을 부채질했다. 이를테면 캘리포니아 주는 네바다 주로 이주하려는 은퇴자들의 연금에 대해 원천과세함으로써 이들의 이주를 저지했던 것이다. 그러자 1996년 연방정부는 다른 주로 떠나려는 은퇴자들에게 주에서 세금을 부과하지 못하도록 하는 조세법안을 발효시켰다.

위에서 보듯 미국에서는 지역들 간의 은퇴자 유치 경쟁이 매우 치열하다. 우리나라도 조세 경쟁을 한다거나 투·융자 지원 등이 가열된다면 여러 가지 부작용이 나타날 수 있다.

따라서 귀농·귀촌 정책을 추진하는 지자체는 지역 마케팅에서 세제 혜택을 강조했을 때 생길 수 있는 또 다른 문제점을 고려해야 한다. 먼저 이주한 사람들이 미래의 조세 증가에 민감해질 수도 있고, 또 세금 특권은 은퇴자 유입으로 기대되는 지역의 재정적 이득을 위축시킬 수 있기 때문이다. 이는 귀농·귀촌자들에게도 매우 중요한 문제다. 미국의 사례를 반면교사로 삼아 앞으로 닥칠 귀농·귀촌에 뒤따르는 문제점을 정확히 파악하고 그 대안을 마련해야 할 것이다.

'미국 은퇴자들의 천국' 사우스캐롤라이나 주

'은퇴자의 천국' 사우스캐롤라이나 주는 1980년대 중반부터 은퇴자를 유치하기 위해 제도적 개선에 들어갔다. 플로리다 주처럼 은퇴자 유치의 선도자는 아니지만 사우스캐롤라이나는 따뜻한 기후, 산과 바다, 그리고 무엇보다 중요한 낮은 세율과 저렴한 생활비용 등으로 은퇴자들을 마법같이 끌어들이고 있다.

사우스캐롤라이나 주의 은퇴자 유치 마케팅이 본격적으로 시작된 것은 1986년 주의 지역경제개발기구인 사바나밸리자치회(Savannah Valley Authority)가 국방부와 총무청으로부터 3000여 에이커에 이르는 땅을 넘겨받으면서부터이다. 자치회는 중상층 이상의 은퇴자 마을을 조성하기 위해 쿠퍼스 커뮤니티라는 회사와 협약을 체결하고 은퇴자 마을을 조성했

은퇴하면 뭐 먹고 살래

다. 이렇게 해서 5100세대의 주택단지로 새롭게 단장한 은퇴자 마을은 주변 농촌인 맥코믹 카운티와 근처 대도시에 커다란 반향을 일으켰다.

성공 요인 1 : 선수들이 기획한다

사우스캐롤라이나 주는 은퇴자를 끌어들이기 위해서는 무엇보다 은퇴자 마을을 조성해야 한다고 생각했다. 이를 위해 민간 기업들은 공격적으로 은퇴자 유치 마케팅 캠페인을 벌이고, 주정부와 지방정부는 이런 기업들에게 땅을 무상으로 제공하는 등의 인센티브를 주었다. 먼저 1986년 사바나 강 근처에 있는 3000에이커의 토지를 매입하고는 우리나라의 전원마을사업같이 도로와 같은 사회간접자본을 건설했다. 그 다음 1만 2000명이 살 수 있는 은퇴자 마을을 건설하도록 부동산 개발업자들에게 그 땅을 다시 팔았다. 이 점이 우리나라와 다른 점이다. 우리는 지자체와 농촌공사가 시행 주체가 되어 건설하면서 효율성이 떨어졌던 것이다. 선수들이 하면 아마추어와 분명 차이가 난다는 것을 보여주는 사례. 이 마을은 은퇴자 유치 촉진 사업에 지자체가 어떤 역할을 해야 하는가를 보여준 좋은 예라 할 수 있다.

성공 요인 2 : 세제와 민간 조직을 활용한다

사우스캐롤라이나는 '생활비용에서 20% 이상 차이가 난다'는 중요한 이점을 최대한 활용했다. 플로리다와 캘리포니아 주는 인구증가, 사회간접자본 그리고 공공서비스를 유지하는 데 드는 비용을 충당하기 위해 세금을 15% 이상 인상했던 것이다. 사우스캐롤라이나가 생활비용 면에서 계속 우위를 차지한다면, 이 점 하나만으로도 은퇴자들에게 충분히 매력적이기 때문이다. 우리나라 역시 물가가 싼 지역이 인기를 끌게 될 것이다.

특히 기름값과 농수산물 가격이 중요한 결정 요인이 될 전망이다.

또한 은퇴자에 대한 지원을 강화하기 위해 사우스캐롤라이나 주는 은퇴자촌연합(SCRCA)이라는 비영리협회를 조직해 은퇴자 마케팅을 적극 펼쳤다. 협회는 사우스캐롤라이나로 이사와 새로 주택을 구입하고 정착하는 데 10만 달러를 지출할 것으로 추정했는데, 이 비용은 다른 경쟁 주보다 30% 이상 저렴한 것이었다. SCRCA는 플로리다·캘리포니아·애리조나 등과 같은 강력한 경쟁 지역들과 비교해 사우스캐롤라이나를 우수한 은퇴자들의 최종 정주지로 만들기 위해 주택·사회간접자본·부동산 기업에 대해 경쟁지보다 좋은 조건을 제공했다.

성공요인 3 : 철저한 조사와 평가에 근거해 정책을 세운다

사우스캐롤라이나는 일찍이 잠재적 은퇴자들을 대상으로 퇴직 목표와 비전, 은퇴 방식, 생활, 여가, 취미 등에 대해 수요조사와 여론조사를 실시해 왔다. 또한 은퇴자가 실제 이주하기까지는 최소한 세 차례 은퇴 예정지를 방문하게 되는데, 은퇴자가 지역을 다시 방문하도록 설득하고 나아가 이들을 정주시키기 위해 힘겨운 노력을 기울였다.

노인들을 대상으로 하는 산업과 관광산업은 아주 밀접한 관계가 있다. 중요한 것은 은퇴를 앞두거나 은퇴한 방문자들이 종종 전입자로 연결된다는 사실이다. 사우스캐롤라이나 주는 여론조사에서 예상 은퇴자의 58%가 대도시 주변의 교외에서 살기 원한다는 것을 알아냈다. 이 같은 사실은 우리나라에서도 읍·면 소재지 주변 농촌 마을을 활성화하는 데 시사하는 바가 크다. 그런 점에서 현재 진행되고 있는 광특회계사업인 농촌마을종합개발사업 중 면 소재지 거점 개발 사업은 중요한 역할을 할 것으로 보인다.

은퇴하면 뭐 먹고 살래

한편 사우스캐롤라이나 주 공원여가관광부는 사우스캐롤라이나 대학교에 이 사업의 경제적 효과에 대한 연구 용역을 주었다. 사우스캐롤라이나의 은퇴 지역 개발자 128명에 대해 설문조사를 한 결과, 은퇴자를 위한 주택단지 조성이 사우스캐롤라이나 주에 40억 달러의 수익을 가져왔고 100억 달러의 잠재수익이 예상되는 것으로 나타났다.

성공요인 4 : 새로운 대안을 만들고 홍보한다

1990년대 사우스캐롤라이나 주는 은퇴자를 끌어들이기 위해 온갖 노력을 기울였다. 사우스캐롤라이나 주 공원여가관광부 지역사회개발과는 은퇴자 유입 정책을 수립하는 위원회 설치를 장려하기 위해 1992년과 1993년 협의회를 후원하는가 하면, 주정부는 잠재적 은퇴자들에게 사우스캐롤라이나 주를 홍보하는 잡지에 대해 자금을 지원하기도 했다.

그러나 가장 주목할 만한 사건은 1990년대 초 사바나와 힐튼 섬 부근에 은퇴자 마을을 조성하기 위해 1960년대 미국 최초이자 대표적인 은퇴자 마을인 애리조나 주의 선시티(Sun City)를 조성한 델 웹 회사와 협상을 하게 되었다는 것이다. 그 결과 사우스캐롤라이나의 힐튼 헤드는 지금 '미국 은퇴자들의 천국'으로 불리고 있다.

주정부가 이렇듯 1980년대 말부터 은퇴자 마을을 만들고자 했던 데에는 침체된 농촌경제를 되살리려는 데 그 목적이 있었다. 사우스캐롤라이나의 마케팅 노력에서도 이 점이 잘 드러난다. 이러한 노력은 교외도시와 소도시적 삶이라는 새로운 분야를 창출하기도 했다.

하지만 최근 2~3년간 은퇴 시장의 축소와 집값 하락으로 남부 선벨트의 경기도 침체를 면치 못하고 있다. 하지만 일부 전문가는 곧 회복될 것이라는 자신감을 피력하고 있다.

우리나라 지자체의 은퇴자 유치 마케팅

미국보다는 20년가량 뒤졌지만 우리나라도 남해·순천·평창 같은 지역은 아름다운 경치와 함께 여가활동을 할 수 있는 곳에 위치함으로써 지역사회에 생기를 불어넣고 있다. 그런가 하면 전라북도 진안은 의식 있는 생태 마인드를 가진 귀농·귀촌인을 유치하기 위해 열을 올리고 있고, 인근에 대규모 관광단지가 있는 경주는 골프·테니스 등의 여가활동을 즐길 수 있는 은퇴자 마을 개발을 적극 홍보하고 있다.

은퇴자들은 대체로 그림·수공예와 같이 창작 취미 활동을 할 수 있는 지자체를 선호한다. 가정방문 의료서비스나 골프 카터, 특수버스와 같은 노인 전용 수송 수단 등의 서비스에 매료돼 선뜻 이주를 결정하는 이들도 있다. 오락·상담·교육·재산관리·노화지연 과정 등을 다루는 사업은

은퇴하면 뭐 먹고 살래

이러한 은퇴자의 수요를 반영한 것이다. 이처럼 따뜻한 기후와 그림 같은 주변 경관만이 은퇴자를 유치하는 데 필수적인 요인은 아니다.

예를 들어 강원도 고성군은 인구감소 방지 및 증대 대책으로 관내 모든 세대에 고향지키기운동 동참 서한문을 발송하는 한편, 군부대 간부들에게도 관내 거주지 이전(주민등록 이전) 운동에 동참해 줄 것을 요청했다. 또한 군 산하 관외 공무원 전원 관내 거주지 이전 운동에 동참해 줄 것을 요청하는 서한문을 발송하는 등 '고성군민되기 운동'을 전개했다. 이를 위해서는 교육여건 개선이 시급하다고 판단, 2007년도 군비 2억 원 출연을 포함해 고성향토장학회 기금을 30억 원 조성해 장학금 지원을 확대했다. 또한 초등 17개교, 중등 4개교의 농·산·어촌 방과후 학교와 중·고등학교 원어민 교사 확대 등도 지원했다.

이와 함께 별도의 조례 제정을 통해 국제결혼을 지원하고, 경동대학교 재학생 군민화 운동, 군인아파트 시설개선사업, 군 장병을 위한 휴식공간 마련, 출산장려시책 보완 및 확대 등을 통해 초창기이지만 수십 명의 군인이 전역 후 고성에 정착해 사는 성과를 거두었다.

고성군의 사례에서 보듯, 앞으로 많은 지자체들이 군 관련 업무에서 퇴직하는 직업군인이나 군무원 은퇴자를 유치하기 위한 노력을 기울일 것이다. 다른 부유한 은퇴자와 마찬가지로, 군대 은퇴자 역시 적극적인 유치 대상인데 이들은 대체로 높은 수준의 교육을 받았고, 건강 상태가 좋으며, 평균 이상의 가처분소득을 가진 데다 민간 프로젝트에도 참여할 수 있기 때문이다. 이들 역시 제2의 직업 기회(은퇴자들의 평균 연령은 20년간 군복무를 한 40대)를 얻기 위해 군부대 근처에 살기를 원하는 경우가 많다.

한편 대학을 보유하고 있는 지자체는 은퇴자들에게 상당히 매력적인 곳이 될 수 있다. 예를 들어 충남 논산시는 건양대학교와 연계한 평생교육지원사업인 '행복샘 은빛 아카데미' 과정을 운영하고 있는데, 반응이 아주 좋다. 아카데미에서는 논산시에 거주하는 55세 이상의 은퇴자, 귀농·귀촌자, 지역주민들을 대상으로 활기차고 건강한 노후생활을 위한 노년기 건강, 부부·자녀와의 대화법, 죽음 준비 과정, 그리고 동화구연지도자 과정 등을 무료로 강의하고 있다. 동화구연 지도자 과정을 마친 이들은 논산 시내 유치원이나 어린이집, 지역아동센터 등지에서 아이들에게 동화를 들려주는 봉사활동도 하는데, 이들에게는 건양대 평생교육대학 동화구연지도자 과정과 연계해 동화구연 지도자 자격증을 취득할 수 있도록 도움도 주고 있다.

현재 우리나라 지자체 대부분은 급격한 고령화로 인해 엄청난 은퇴자들을 보유하고 있다. 지역에서는 이러저러한 연관성을 들어 대도시 은퇴자를 유치하는 데 혈안이 돼 있다. 그런 만큼 은퇴자는 자신과 가족에게 적합한 삶을 제공해 줄 수 있는 지자체를 선택할 수가 있다. 그것이 사회교육일 수도 있고, 취미 교육일 수도 있다. 은퇴자들이 자신의 몸값을 올리기 위해서는 재교육을 받아야 하기 때문이다. 이를 지역사회와 연계해 수행해 나간다면 또 다른 새로운 시장이 열릴 것이다.

그런가 하면 지자체는 정신없이 바쁘게 돌아가는 대도시 생활의 한 대안으로 자기 지자체를 마케팅할 수도 있다. 이것은 별도의 비용 없이 모든 이점을 누릴 수 있는 방법이다. 공기, 자연경관, 오락시설, 문화적·사회적 여흥 등 삶의 질 요인은 사람들을 유치하는 데 있어 매우 소중한 자산이다.

강원도 정선군은 폐광 지역에서 강원남부권 거점도시로서의 도약을 꿈꾸고 있다. 이곳은 '청정 정선'이라는 이미지로 은퇴자들을 유혹하고 있다. 삶이 쾌적한 '살기 좋은 고장', 역사와 전통이 살아 있는 '아리랑의

은퇴하면 뭐 먹고 살래

고장', 정주 기반이 형성된 '지역 특화 산업의 고장', 사계절 종합관광이 가능한 '관광휴양의 고장'으로서 자립형 귀농·귀촌 모델을 만들어 가고 있는 것이다. 이를 위해 자연자원의 깨끗함과 순수함을 강조하는 한편, 도시·가로·도로·하천 등지를 자연친화적으로 보수·정비하고 읍·면을 지역별 색채 등을 고려한 특색 있는 공간으로 조성하고 있다. 현재 인구 4만 명의 지역을 오는 2020년에는 인구 7만의 '청정·관광의 중심 도시'로 탈바꿈시키겠다는 계획이다.

소도시 역시 대도시 시장이 너무 혼잡하고 경쟁적이라는 사실을 깨달은 대중을 대상으로 하는 마케팅 전문가들에 의해 재발견되고 있다. 보다 전원적인 지자체에 상점을 여는 등 많은 기업들이 규모가 좀더 작은 시장을 중심으로 한 미시 마케팅을 펼치고 있다.

예를 들어 안동시는 농림부가 실시한 2009년도 농촌생활환경정비사업 평가에서 3년 연속 우수 지자체로 선정되었다. 상대적으로 개발이 덜 된 농촌 지역의 기초생활환경과 문화·복지시설 등을 정비·확충해 새로운 희망과 활력을 불어넣음으로써 농촌 사회를 지속적으로 유지·발전시켰다는 평가를 받은 것이다. 이런 활동은 은퇴자들이 상대적으로 가격이 낮은 토지와 지역 거주환경의 혜택을 받고 이들 지역에 정주하게 한다고 볼 수 있다.

이처럼 현재 대부분의 지자체는 도시민을 유치하기 위해 온갖 노력을 기울이고 있다. 그런데 간혹 담당 공무원이 고압적인 자세로 민원인을 대하거나, 심지어 인격을 모독하는 어처구니없는 일들이 벌어져 찬물을 끼얹기도 한다. 이러한 소문은 돌고 돌아 결국 자신들에게 치명타가 되어 돌아오게 마련이다.

지자체의 반마케팅

2000년대 들어와 우리나라 시·군 지자체에서는 상호작용을 하는 두 가지 흐름이 나타났다. 하나는 농촌 총각 문제를 해결하기 위해 외국인 신부와 결혼시켜 다문화 가정을 이루는 것이고, 또 다른 하나는 귀농·귀촌을 유도해 농촌사회에 대한 관심을 불러일으키고 고용기회를 창출하는 것이다. 이 두 가지 흐름은 지역 주민들이 새로운 인구유치를 선택하면서 나타난 일종의 문화적 현상이다. 이 과정에서 타협과 관용, 그리고 용서가 이루어지기도 하지만, 경우에 따라서는 문화적 갈등으로 충돌이 빚어지기도 한다.

지자체의 구성원들은 외국인 신부를 유치할 것인가, 아니면 귀농·귀촌자를 유치할 것인가를 결정해야 한다. 물론 두 가지가 어느 하나의 선

은퇴하면 뭐 먹고 살래

택 문제만은 아니지만, 타깃 집단을 일단 결정하고 나면 이들 지자체는 가치관과 전통, 그리고 윤리적 문제와 관련된 정체성의 위기에 직면하게 된다.

일부 지자체에서 귀농자나 다문화 가정의 증가는 새로운 지역 문제를 잉태할 수 있다. 이러한 위기를 어떻게 극복하느냐에 따라 지자체가 한 단계 더 발전할 수도 있고, 아니면 내부 갈등으로 큰 홍역을 치를 수도 있다. 그렇다면 이러한 문제들을 해결하기 위한 사회·경제적 비용은 누가 책임져야 할까?

예를 들어 외국인 노동자와 가난한 귀농자의 문제를 해결하기 위한 방법의 하나는 이들을 고용할 수 있는 산업이나 기업을 유치하는 것이다. 하지만 우리나라의 경우 특정 지자체가 토지 사용, 인구밀도, 구획화 정책, 주택 법규, 오염 기준 등의 문제를 지역 내에서 풀어 나갈 수 있는 방법은 별로 없다. 과소 지역의 경우 대부분 환경적으로는 건전하지만 농림 어업과 관련된 저부가가치 산업만이 입지할 수밖에 없는 구조이기 때문이다.

결국 수도권에서 멀리 떨어진 과소지역 지자체가 택할 수 있는 인구유치정책은 저소득 집단이나 단순근로자에 의한 농림업·제조업 등에 지나지 않는다. 반대로 대도시 인근에 입지한 환경적으로 건선하지 못한 지자체일수록, 이와는 대조적인 형태의 산업 유치정책을 펴는 경향이 강하다. 환경적으로 덜 건전한 정책을 추진하는 지자체는 비숙련 노동자를 유치하거나 폐기물 매립, 교도소·발전소 건설을 수용하는 데 좀 더 우호적이다. 지자체의 경쟁이 개방적이면 개방적일수록 지자체 간의 차이점과 주택지 마케팅 등 여러 면에서 큰 차이를 드러낸다. 결국 지자체 역시 부익부 빈익빈 구조가 적용되는 불행한 시대에 우리는 살고 있는 것이다.

한 예로 청송 사과로 유명한 경상북도의 오지 청송군이 청송 출신 작가인 김주영 씨의 대하소설 『객주』를 소재로 한 문학테마타운을 유치하겠다고 나섰다. 이곳은 주왕산 국립공원과 김기덕 감독의 영화 〈봄 여름 가을 겨울, 그리고 봄〉의 촬영지로 유명해진 호수 주산지가 있지만, 그 밖에는 별다른 관광시설이 없는 데다 대부분이 산지라서 '청송 꿀사과' 말고는 이렇다 할 산업도 없는 실정이다. 이 때문에 조선 후기 보부상들의 삶을 그린 『객주』를 이용해 관광객들을 끌어들이겠다는 것이다. 지역 경제 살리기 차원에서 문학을 끌어들인 건 처음 있는 일로, 가능성 있는 마케팅 소재를 발굴하고 창조해 가능하면 우수한 사람들을 정주하게 하려는 것이다.

하지만 귀농자를 대상으로 주택 매입 및 수리 등에 500만 원을 지원하고 고등학생 자녀 학자금으로 30만 원, 농지임차료 지원 등 다양한 혜택을 주는 정책은 현지 주민들의 반발을 불러일으킬 수도 있다. 따라서 사전에 주민을 설득하려는 노력이 필요하다. 이러한 정책 지원의 문제는 청송뿐만 아니라 우리나라의 과소 지자체 모두에게 해당한다.

도시민 유치를 바라보는 눈과 귀농·귀촌지를 탐색하는 것은 마치 청년기에 배우자감을 물색하는 것과도 같다. 이때 지역 공무원이 얼마나 열정을 가지고 노력하는가가 중요한 잣대가 될 수 있다.

청송과 같이 인구 5만 이하의 지역에 대해서는 정부가 귀농·귀촌자, 다문화 가정뿐만 아니라 현지 주민들을 위한 과소지역 주민대책법과 같은 지원책을 마련해야 한다. 삶의 질을 높이고 지역 균형 발전 차원에서 제도 개선이 이루어지고 정책 대안이 마련되어야만 주민과 지역이 모두 살 수 있다.

은퇴하면 뭐 먹고 살래

7부

은퇴하면 어디서 뭐 먹고 살래

살기 좋은 곳에
가서 살자

도시는 돈 있는 사람에게는 천국이다. 하지만 은퇴 후 돈 없는 보통사람에게는 견디기 힘든 인내를 요구할 수도 있다. 은퇴자들이 정주할 곳은 도시든 시골이든 살기 좋은 삶터·일터·쉼터여야 한다. 살기 좋은 터란 자기 마음에 드는 터를 말한다. 앞서 누누이 강조했지만 돈이 별로 들어가지 않는 터가 은퇴 후 살기 좋은 터전이다. 또한 일과 놀이가 일치해 일터가 삶터가 되고, 또 쉼터가 되는 공간이 살기 좋은 터다.

이처럼 살기 좋은 터전은 가족과 친구가 있고, 일과 놀이, 취미가 있으며, 학습기회가 있고, 봉사가 가능한 곳이다. 이런 것을 훈련할 수 있고 연습할 수 있는 곳이 은퇴 준비를 하기 좋은 곳이다. 하지만 좋은 터는 자신과 이웃이 가꾸어 나가는 것이고, 또 공유해야 의미가 있다. 살기 좋은 터는 주어지는 것이 아니라 만드는 것이다.

우리가 훈련하고 교육받아 하나의 인격체로 성장하듯, 좋은 터도 이웃과 함께 만들고 주변과 조화를 이루어야 한다. 좋은 삶터에서 생활해야 행복도 쉽게 느낄 수 있다. 지역 주민과 지도자가 공감대를 형성하고 교육을 함께 받으며 마을 발전과 비전을 공유해야 한다.

연세대 도시문제연구소 이종수 교수팀이 행정자치부에 제출한 '살기 좋은 지역' 및 '살기 좋은 지역 만들기' 개념 정립 연구용역 보고서를 보면 "살기 좋은 지역 만들기는 마을 단위가 적합하며, 생활환경(삶터)을 좋게 만드는 것에 중점을 두되, 일터와 쉼터도 포함해야 한다"고 말한다. 이 교수는 '살기 좋은 지역'의 조건을 네 가지로 정리했다.

첫 번째는 '편리성'이다. 교육·의료·문화 시설을 쉽게 이용할 수 있는 곳이다. 그렇다고 하드웨어 중심의 시설투자에 빠져서는 안 된다. 그것은 막대한 재원을 확보하기도 어려울 뿐만 아니라 일방적으로 투입된 돈이 공동체를 와해시킬 수도 있기 때문이다.

두 번째는 '자연과 가까운 삶'이다. 우리나라는 도시민 1인당 공원 면적이 6.9㎡로 선진국에 비해 크게 부족한 실정이다. 따라서 '심호흡을 할 수 있는' 녹지공간이 있는 곳을 주민들은 선호한다.

세 번째는 '따뜻한 이웃 공동체'다. 이는 가장 중요한 개념으로, 근대화·산업화·도시화 과정에서 공동체성을 상실한 현재, 어떻게 정이 넘치는 공동체성을 복원할 것인가의 문제다.

네 번째는 '경제적 성장성'이다. 경제성장이 전제되어야만 지속가능하다는 뜻이다. 하지만 경제성장이 필요조건이긴 하지만 충분조건은 아니라고 덧붙인다. 1751년 이중환은 『택리지(擇里志)』에서 살기 좋은 마을 요건을 네 가지로 들었다. 첫째 풍수와 지기(地氣), 안전이고, 둘째는 경제

은퇴하면 뭐 먹고 살래

적 잠재력이다. 땅이 비옥해야 농사짓기 알맞고 소득이 높다며 그런 곳이 좋은 삶터라고 보았다. 셋째, 공동체성과 풍속이 살아나는 곳을 길지로 보았다. 좋은 예의범절과 풍속이 내려오며 공동체와 이웃을 사랑하고 환난상휼하는 지역이 되어야 대대손손 잘 살 수 있다는 것이다. 넷째, 환경적 아름다움이다. 아름다운 환경이 없으면 사람이 거칠어지고 배타적으로 되어 결국 소통에 문제가 온다고 보았다.

그런데 은퇴자들이 마을 활동에 참여하는 것은 좋지만, 처음부터 큰 경제사업이나 복합 리 단위의 사업에 참여하는 것은 피하는 게 좋다. 성공 확률이 낮기 때문이다. 귀농자들은 처음에는 앞장서서 일하기보다 뒤에서 도와주는 편이 좋다.

이처럼 사업 단위는 '지역'이 아닌 '마을'이 바람직하다. 마을은 대상 지역을 두루 포함할 수 있는 유연성이 있고, 주민들이 똘똘 뭉쳐 정책을 쉽게 추진할 수 있기 때문이다. 반면 시·군 단위 혹은 복합 리나 면 단위가 되면 정치적 의도가 개입되어 뜻대로 되지 않을 가능성이 높다.

따라서 은퇴자는 자신의 삶터·일터·쉼터를 중심으로 마을 단위 사업에 충실한 다음, 복합 리 단위 사업으로 진행하는 것이 바람직하다.

현실적으로 보면 살기 좋은 터는 자조 마을이 되어야 하는데, 자조 마을을 찾기란 그리 쉽지 않다. 제일 쉽게 찾는 방법은 한국농어촌공사의 사업 홈페이지 웰촌(www.welchon.com)에 들어가 보는 것이다. 여기에 소개되어 있는 1200여 곳이 살기 좋은 삶터다. 전국에 있는 3만 5900개의 마을 중 1200여 곳이면 3.3% 정도다. 이런 마을에 가면 쓸데없이 시간을 낭비하지 않을 수 있다. 귀농·귀촌이 힘든 것은 무엇보다 사람들 간의 갈등 때문인데, 깨어 있는 자조 마을을 찾아가면 살기 편하다.

시골에서의 생태적 삶

은퇴 후 우리가 살아야 할 기본적인 삶의 방식은 생태적인 삶이다. 이때 중요한 것은 생활과 생산양식이 주변 생태계와 조화를 이루는 것이다. 자연과 조화를 이루는 삶은 지역 자원과 녹색에너지를 활용하고, 경제적 자립을 중시한다. 경제적으로 남에게 예속되어 있으면 결코 지속가능한 삶이 아니다. 이와 함께 지역의 역사와 문화를 인정하는 삶이어야 한다.

은퇴자들이 시골로 내려가는 것은 최소 비용으로 최대 만족을 추구하는 경제성과도 일치한다. 이는 자립·자경한다는 뜻이기도 하다. 시골에서 몸을 부려 일할 수 있을 때까지 일하면서 자기 생활에 충실하고 이웃을 돕고 봉사하면서 사는 것이다. 공부를 더 하고 싶다면 인터넷을 활용하면 얼마든지 가능하다. 그러므로 비효율적이고 물가도 비싼 도시에서

은퇴하면 뭐 먹고 살래

탈출하자.

시골로 이왕 간다면 생태적인 삶을 살자. 생태적인 삶은 어디 가든 자신의 철학만 확고하다면 가능하다. 생태적인 삶은 농촌형·어촌형·산촌형·도시형(테마형)으로 나눌 수 있는데, 최근 들어 지역사회에서 대안적인 삶의 양식으로 대두되고 있다.

과거 산업사회에서는 자원을 과도하게 사용하는 자원낭비형 삶을 살았다. 1972년 '로마클럽'(천연자원 고갈, 환경오염 등 인류의 위기를 경고하고 타개책을 모색하기 위해 만들어진 모임)은 1차 보고서 『성장의 한계』에서 환경과 개발에 대해 강한 우려를 표명하면서 '지속가능한 발전(sustainable development)'이란 용어를 처음으로 사용했다.

그후 1992년 브라질 리우데자네이루에서 열린 리우 회의에서는 각국 대표단과 민간단체들이 모여 지금까지의 낭비적 사회를 반성하고 지속가능한 개발로 자연과 조화를 이루는 건강하고 생산적인 사회를 만들 것을 주창하는 리우 선언을 채택했다.

리우 선언 이후 10년이 흐른 뒤인 2002년 요하네스버그에서도 '지속가능한 지구'라는 하나의 공동체를 어떻게 만들 것인가를 모색하는 회의가 열렸다. 이것은 지난 10년 동안 환경파괴와 자원고갈, 그리고 빈곤 문제가 극심해지고 개발도상국에 대한 재정지원과 기술이전이 실현되지 않는 등 리우 회의에서 약속했던 목표가 제대로 달성되지 못했다는 반성에서 나온 것이다.

요하네스버그 회의에서는 특히 '빈곤퇴치'를 주요 의제로 삼고 개발도상국에 대한 재정지원, 무역불균형 시정 등 개발도상국의 빈곤 심화를 막기 위한 논의가 있었다. 10일간의 회의 끝에 마침내 지속가능한 개발을 위한 요하네스버그 선언과 WSSD(World Summit on Sustainable Development) 이

행계획이 채택되었다. 요하네스버그 선언은 한마디로 지속가능한 발전을 위해 국제사회가 환경보호는 물론, 경제적·사회적 발전에 대해 공동의 책임을 가진다는 것이다.

이처럼 은퇴 후의 생태적인 삶은 단순히 한 개인, 또는 한 나라의 문제가 아니라 세계 또는 인류적 차원의 문제다. 현재 전 세계에서 추진되고 있는 운동은 우리가 살아가야 할 삶과도 일치한다. 도시에서의 소비적 삶이 아니라 자연과 공존하면서 살아가는 생산적인 삶이다.

은퇴 후 한 사람의 주체적인 삶, 지속적인 삶, 그리고 세대간의 연속성을 유지하는 것은 매우 중요하다. 이를 위해서는 봉사와 사회활동을 통해 외부와 유기적인 관계를 맺고 지역사회 안에서 상호 호혜적인 발전 방안을 모색해야 한다. 이것은 지역 내 민간 사회안전망을 복원하는 일이기도 하다.

민간 사회안전망이 복원된다면 생태적인 삶을 살기가 좀 더 쉬워질 것이다. 또한 돈이 최고라는 관점을 지양한다면 지속가능한 삶에 좀 더 가까이 갈 수 있다. 현재 도시에서의 삶은 유지 비용도 많이 들고 관리 부담도 크다. 이른바 못 벌면 지탱하기 힘든 삶이다. 이것은 마치 자전거를 타고 높은 산을 올라가는 것과 같다. 언젠가 힘이 빠지면 자전거가 쓰러지리라는 것은 자명하다. 따라서 자연과 인간이 조화를 이루어 공동의 사회경제적 발전을 추구할 수 있는 생태적인 삶을 살아야만 한다.

은퇴하면 뭐 먹고 살래

은퇴 후
생태적인 삶을 살려면

생태적인 삶은 현대 기술과 재능으로 살 수 있는 것이 아니다. 스스로 익히고 공부해서 깨달아야 한다. 무엇보다 인간이 자연의 일부라는 것을 깨달아야 한다. 스스로 농사지어 먹고사는 자립자경은 자연의 이치를 따르는 생태적인 삶이다. 이러한 생태적인 삶은 주변 사람들과의 생활·문화·생산활동 속에서 자연스럽게 실현되도록 해야 한다. 마을사람 모두가 힘을 합쳐 GMO(Genetically Modified Organism : 유전자변형작물) 프리존(Free zone)이나 무농약 마을을 만들어 가는 것도 하나의 방법이다.

생태적인 삶을 살기 위해서는 무엇보다 자연과 인간을 사랑해야 한다. 예를 들어 농약이나 화학비료를 쓰지 않고 농사짓기, 사용한 물을 깨끗이 정화시켜 흘려보내기, 나무와 꽃을 심고 돌보기, 주변의 가난한 이웃과 더불어 살아가는 것 등이다.

생태적인 삶은 외부의 대자본이 자행하는 대규모 개발의 문제점을 피할 수 있는 대안이기도 하다. 지역 자본에 의한 소규모 개발로 지역사회 발전은 물론 생태계도 함께 보전하는 것이다. 불균등한 국토 개발을 지양하고 지역 경제를 지역사회 중심으로 바꾸어 지속가능한 사회를 만드는 것이다.

또한 생태적인 삶은 녹색 자립을 의미한다. 인류가 처해 있는 식량 위기와 에너지 위기를 해결할 수 있는 현실적 대안인 것이다. 아울러 정치와 자본으로부터 소외되는 불특정다수가 참여할 수 있는 기초 단위를 만들어 풀뿌리 민주주의의 기반을 마련하는 것이기도 하다.

이러한 생태적인 삶을 살기 위해서는 현대사회의 대량생산·대량소비의 문제점을 인식해야만 한다. 개발 중심의 사회 대신 소량생산, 저소비형 생활양식과 생산양식, 그리고 사회 시스템을 만들어야 한다. 그런 점에서 현대 산업사회를 대체할 수 있는 유력한 대안인 셈이다.

지자체들은 이러한 생태적인 삶을 지원하고 발전시킬 준비를 해야만 한다. 하지만 현재 대부분의 지자체는 그러한 준비가 되어 있지 않다.

은퇴 후 생태적인 삶이 지향하는 10대 비전과 목표

1. 생태적·주체적인 삶을 산다.
2. 지역 문화와 풍토를 존중하고 조화롭게 활용한다.
3. 자원절약·자원순환·저소비 생활을 실천한다.
4. 지역 특성과 전통 양식에 대한 이해를 바탕으로 생활하고 생산한다.
5. 마을 문제는 주민들과의 의사교환·의사수렴 과정을 거쳐 합의로 결정한다.

은퇴하면 뭐 먹고 살래

6. 주민은 마을 경제의 원칙으로 지산지소(지역에서 생산된 농산물을 지역에서 소비하자는 지역소비운동으로 자본의 유출이나 거대자본의 지역 침탈을 막는 방법 중 하나)를 실천한다.

7. 마을은 생활·생산·문화 공동체다.

8. 마을 전체가 아이들이 배우는 교육의 장이다.

9. 마을은 인간의 삶과 삶터, 주변 자연이 조화된 하나의 생태계다.

10. 마을과 외부는 농촌과 도시로 함께 연계하되 교류한다.

지난해 입적하신 법정스님은 "많이 갖고 있다는 것은 그만큼 많이 얽혀 있다는 것"이라고 했다. 그러면서 무소유에 대한 그의 생각을 산문집 『무소유』에서 이렇게 밝혔다. "우리는 필요에 의해서 물건을 갖지만, 때로는 그 물건 때문에 마음이 쓰이게 됩니다. 따라서 무엇인가를 갖는다는 것은 다른 한편 무엇인가에 얽매이는 것, 그러므로 많이 갖고 있다는 것은 그만큼 많이 얽혀 있다는 것입니다."

법정스님이 "단순하고 간소하게 사는 것이 가장 본질적인 삶"이라 했듯이, 생태적인 삶은 자연과 공생하며 느리게 살고, 적게 갖는 자세에서부터 시작된다는 사실을 잊어서는 안 될 것이다.

은퇴 후 뭐 먹고 살까

은퇴 후 어떻게 살아야 할까. 뭘 먹고 살아야 하나. 누구나 고민이 많다. 월급쟁이에게 과거와 같은 평생직장은 이제 꿈만 같은 일이다. 언제 어떻게 회사를 나와야 할지 고민이다. 공무원이나 학교 선생인 친구들이 마냥 부럽기만 하다.

진정한 은퇴 준비는 스스로 자립할 수 있는 체계를 만드는 것이다. 만약 자경을 할 수 있다면 그렇게 하라. 스스로 농사짓는 것이 가장 자립하기 쉬운 방법이기 때문이다. 매사 절약하고 자연과 공존하며 단순소박한 삶을 사는 것이 생활비용을 최소화하는 길이다. 이것은 병들어 가는 지구도 살리면서 자신도 사는 방법이다.

자립자경하는 삶은 요즘 시대적인 표현을 빌린다면 '착한 은퇴 후 삶'

은퇴하면 뭐 먹고 살래

이나 '농촌에서의 공정한 삶' 정도라고 표현할 수 있다. 과소비를 부추기는 도시에서의 물질주의적인 삶과 반대로 그러한 시류에 되도록 적게 몸을 담가야 오래 버틸 수 있다. 물론 자본주의 체제에서 완전히 몸을 뺄 수는 없을 것이다. 하지만 자신의 의지 여하에 따라 최소화할 수는 있다.

스스로 먹고사는 삶은 도시에서 준비하는 것보다 자연조건이 좋은 시골에서 시작하는 것이 바람직하다. 자립자경하는 생태적인 삶은 환경·물·자연자원·먹거리·식생·에너지 등 삶터 주변의 물질이 순환되도록 하는 것이다.

이를 위해서는 자연의 생산자·소비자·분해자가 주변 삶터에서 잘 순행하도록 도와야 한다. 물론 우리도 그 사이클에 동참해야 한다.

먹거리를 자급자족하고 이웃과 생태적 동지가 되어 마을을 친환경적으로 만들자. 나아가 지산지소로 지역의 경제적 자립과 생존력을 높여 나가자. 이것이 21세기 은퇴자들이 퇴직 후 수십 년 먹고살 걱정을 하지 않아도 되는 방법 중 하나다. 뿐만 아니라 지자체와 지역민을 살리는 방안이기도 하다.

무엇을 어떻게 생산할 것인가

은퇴 후 자립자경하는 생태적인 삶을 살기 위해서는 어떻게 해야 할까.

첫째, 환경친화적 생산을 한다. 앞서 말했듯이 유기농업을 지향해야한다. 유기농 혹은 무농약으로 생산된 안전하고 신선한 먹거리를 지인이나 도시 수요자에게 공급하는 것이다. 기업농이나 관행농을 해서 살아남기는 어렵다. 자본력이나 기술력, 지역 지배력, 유통력에서 뒤떨어지는 도시 은퇴자들이 경쟁에서 이길 가능성은 5%도 안 된다. 현실을 직시하자. 지역의 권력구조 또한 큰 틀의 변화를 원치 않는다.

둘째, 지역 특산물 생산에 동참한다. 이것은 지자체와 함께 가는 방법으로 지자체의 지원도 받을 수 있고 효과적으로 농사짓는 법도 배울 수 있다. 예를 들어 영동 포도, 상주 곶감, 하동 녹차, 제주 감귤 등 지자체의 특성을 살린 농작물을 재배한다면 소득 향상은 물론 생태적 삶에도 큰 도움이 된다. 예를 들어 충청남도의 시·군 대표 농산물을 보기로 하자. 만약 이 지역으로 간다면 대표 농산물 생산·유통·판매·저장·이벤트에 동참하는 것도 하나의 방안이다.

〈표 12〉 충청남도 시·군별 대표 농산물

시·군	유망 품종(특산물)	시·군	유망 품종(특산물)
공주	밤	서천	모시·소곡주(술)
금산	인삼·약초	아산	쌀·사슴
계룡	물엿·팽이버섯	연기	복숭아
논산	딸기	예산	사과
당진	꽈리풋고추	천안	호도과자
보령	머드 가공품	청양	고추·구기자
부여	밤·산마늘	태안	육쪽마늘·포도
서산	육쪽마늘	홍성	쌀·복수박

물론 농약을 치지 않고 생산하기 어려운 품목도 있다. 그래도 되도록 기존의 농업 방식에서 탈피해 저농약으로, 나아가 무농약 재배를 해야 한다. 유기비료와 퇴비로 땅을 살려야 우리가 원하는 농업을 할 수 있다. 3만 달러 시대의 도시 소비자들이 농약이나 제초제, 항생제로 뒤범벅이 된 작물을 먹고 싶은지, 조금 못생겼지만 몸에 좋은 작물을 먹고 싶어할지는 삼

은퇴하면 뭐 먹고 살래

척동자도 잘 알 것이다.

더욱이 은퇴자들은 도시에 많은 네트워크가 있으니만큼 이를 잘 활용하면 좋다. 각 시·군은 모든 작목과 작부 체계(합리적인 농업경영을 위해 계획된 재배작물의 종류·순서·조합·배열 등의 방식)를 지원할 수 없기 때문에 가장 경쟁력 있는 품목을 선택해 집중 지원하게 마련이다. 이를테면 충청남도 청양의 경우, 고추와 구기자에 군 농정력의 50% 이상을 집중하고 있다. 당연히 소득도 그에 따라 배가된다.

셋째, 에너지를 적게 사용하는 저에너지 소비형 생산을 한다. 효율만이 아닌, 에너지를 되도록 적게 사용하는 친환경 저에너지 생산을 하는 것이다. 태양광이나 풍력을 사용하는 것이 그것이다. 이는 정부 보조금도 받을 수 있고 지역도 살리는 방법이다. 물론 설치하기 전에 앞서 설치한 농가에게 장단점과 유불리를 정확히 알아보는 것이 중요하다. 정부 보조금만 믿고 무조건 설치했다가 자칫 낭패를 볼 수도 있기 때문이다.

자립자경적인 삶과 경제생활

은퇴 후의 삶에서 무엇보다 중요한 것은 근검질약하는 자세와 지역 공동체와 함께하는 생활이다. 지역과 함께해야 자립자경적인 삶을 살 수 있는 확률이 높다.

강원도 원주의 한 새벽시장을 보기로 하자. 1990년대 초부터 열리기 시작한 이 시장은 한마디로 원주 농민이 직접 재배한 농산물을 소비자와 직거래하는 도시형 퍼머스 마켓이다. 원주교~봉평교 사이 원주천 둔치 주차장이 매일 새벽 4시부터 아침 9시까지 새벽시장으로 변신한다.

4월 중순부터 12월 중순까지 원주의 아침을 깨우는 이들은 '새벽시장 농업인협의회' 회원인 지역 농민들이다. 매일 새벽 이들은 직접 재배한 채소와 나물, 과일 등을 들고 나온다. 농민들은 "시중에서 배추 한 포기가 2000원에 팔려도 우리가 받는 돈은 500원이 안 된다. 하지만 직접 나가서 팔면 1000원은 받을 수 있다. 게다가 손님의 99%는 '물건 참 좋다'고 만족스러워한다"고 말한다.

원주 시민들도 대형 마트 대비 50% 정도의 가격에 신선한 농산물을 살 수 있어 좋다. 이러한 신뢰 때문에 17년 전부터 퍼머스 마켓이 된 것이다. 농산물의 특성상 여러 차례 거간꾼을 거치게 되면 가격은 오르는 반면 신선도는 떨어지는 악순환의 고리를 생산자와 소비자가 협력하여 개선한 사례라 할 수 있다.

이로 인해 새벽시장의 매출은 2007년 51억 원에서 2008년 61억 원, 2009년 70억 원으로 해마다 늘고 있다. 이용객도 해마다 늘어 2008년에는 20만 3000명, 2009년에는 26만여 명으로 매년 20%씩 성장했다.

인구 30만 명의 원주가 이렇게 우리나라 로컬푸드 운동의 '메카'로 꼽히게 된 데는 이곳이 도농복합 지역이라는 특성을 갖고 있기 때문이다. 앞으로 강릉·춘천·상주·경주·나주·전주·수원·음성·김해·완주·홍천·남양주 등 다른 도농복합시에서도 이러한 운동이 점차 확대될 것으로 보인다.

1차 산업을 기반으로 2차·3차 산업 융복합화

은퇴 후 일정 소득을 유지하기 위해서는 1차 산업을 기반으로 2차·3차

228

산업을 활성화하는 방향으로 나아가는 것이 바람직하다. 이와 같은 산업 융복합화는 현재 여러 지역에서 활발하게 이루어지고 있다.

사실 1차 산업만 해서는 잘살기 힘들다. 1차 산업과 함께 2차·3차 산업을 결합하는 다양한 융복합화 방안이 필요하다. 가급적 농산물을 가공·저장·판매하는 방식이 유리하다. 판매의 경우, 고객이 직접 현장을 방문해 친환경 무농약 농산물이라는 것을 확인할 수 있도록 한다면 직거래도 가능할 것이다. 이때 자연환경이 수려한 곳에서 민박하도록 한다면 더 좋을 것이다.

한 예로 제주도에서는 제주 흑돼지에 대한 산업 융복합화가 활발하게 진행되고 있다. 1차 산업인 제주 흑돼지를 부가가치가 높은 산업으로 만들기 위해서이다. 즉, 단순생산 산업을 2차 가공식품으로 만들어 부가가치를 세 배 이상 높이고, 나아가 3차 관광문화사업 등과 연계해 부가가치가 다섯 배 이상 높은 새로운 축산문화산업을 만들어 나가자는 것이다. 이렇게 경쟁력을 갖춘다면 제주 축산업은 유사 사업이 통폐합되어 경영혁신과 축종별로 규모화가 이루어질 수 있다. 이것은 다시 생산 농가의 경쟁력을 높여 독자적인 발전 구조를 만들 수도 있다.

제주도에서는 이미 귤 먹인 기능성 축산물 4종(한우·돼지·우유·달걀)이 개발된 것을 비롯해 화장품과 건강식품도 각각 하나씩 개발되었다. 특히 지난 2005년부터 생산하기 시작한 기능성 축산물인 '귤 먹인 도새기', '촘맛 귤 한우' 등의 인기는 매우 높다. 최근에는 감귤 농축액을 우유와 혼합해서 만든 기능성 유제품인 우유·요구르트·치즈 등도 출시됐다.

앞으로 제주도는 수출시장 다변화를 꾀해 일본과 중국, 홍콩 등지에는 돼지고기와 말고기를 수출하고, 동남아시아에는 종돈을 수출하는 것이 좋을 것으로 보인다. 이때 부가가치를 좀 더 높이기 위해서는 새롭고 창

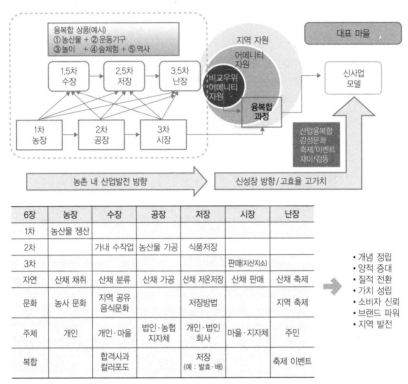

〈그림 2〉 농촌 산업의 융복합 과정

6장	농장	수장	공장	저장	시장	난장
1차	농산물 쌩산					
2차		가내 수작업	농산물 가공	식품저장		
3차					판매(자산지소)	
자연	산채 채취	산채 분류	산채 가공	산채 저온저장	산채 판매	산채 축제
문화	농사 문화	지역 공유 음식문화		저장방법		지역 축제
주체	개인	개인·마을	법인·농협 지자체	개인·법인 회사	마을·지자체	주민
복합		합격사과 컬러포도		저장 (예 : 발효·배)		축제 이벤트

• 개념 정립
• 양적 증대
• 질적 전환
• 가치 성립
• 소비자 신뢰
• 브랜드 파워
• 지역 발전

의적인 스토리텔링을 공급해야 할 것이다.

특히 관광문화와 연계한 축산문화사업은 가능성이 아주 많은 분야로 평가되고 있다. 축제·이벤트·스토리텔링 3개 핵심 테마와 체험목장 또는 체험마을과 연계하면 생산유발 효과가 클 것이다. 규모 면에서 경쟁력이 있는 월평이나 와흘의 체험목장을 활용한 그린투어 체험을 상설화하고 '도새기 먹고 말 타고 올레길 산책하기'와 같은 복합상품을 만들어 목장 테마길을 소득화하는 방안도 고려해 볼 수 있다.

또한 제주의 축산업을 고도화하기 위해서는 닭·돼지·소·말이 함께

230

가야 한다. 제주다움을 살리는 한라산과 오름의 생태를 보존하는 자연순환 농축산업도 구현해야 한다. 최근 인기가 높은 올레길 프로그램도 계속 개발하고 테마를 부여해야 한다. 나아가 지속가능한 축산업, 신상품·신시장을 창출하는 산업으로 도약하기 위해서는 '친환경 가축 분뇨를 이용한 바이오매스 등 심화계획'을 수립, 실천하는 데 심혈을 기울여야 한다.

4척 하지
말자

은퇴자가 지역으로 들어가면 지켜보는 눈이 많다. 이들의 색안경을 벗게 하기 위해서는 그야말로 노력을 많이 해야 한다. 먼저 '4척 안 하기'를 실천한다. 4척이란 아는 척(지식), 가진 척(재산), 잘난 척(명예·권력), 있는 척(교양·능력)이다. '아가잘있나'라고 외우면 오래 갈 것이다. 아무것도 아닌 것 같지만 시골에서 계속 생활하려면 매우 중요한 문제다. 시골에서는 도시와 달리 한번 관계가 어그러지면 해결하기가 무척 어렵다.

지역에 사는 나이 든 농민은 폐쇄적이고, 여러 가지 점에서 도시민과 다르다. 그들은 농사 잘 짓고 예의 바른 사람을 좋아한다. 4척을 하지 않고 늘 배려하는 마음으로 대한다면 많은 문제가 해결된다. 절대 건방지다고 느끼게 해서는 안 된다. 예의 바른 사람이라는 이미지를 주어야 한다.

은퇴하면 뭐 먹고 살래

그러기 위해서는 지역주민들이 하는 사업에 같이 참여해 묵묵히 도와주는 자세가 필요하다. 그러면 주민들도 마음의 문을 열게 마련이다. 그때 비로소 같은 마을 사람이 되는 것이다.

전남 곡성군 옥과면 합강 마을은 3개 군 5개 면의 경계에 위치한 오지 마을이다. 주민은 57가구 154명이 전부다. 주민들은 마을을 되살리기 위해 장승이나 당산나무처럼 마을을 지키는 '수호신'으로 생각했던 조탑을 복원하고, 마을의 유래를 새겨넣은 표지석을 세웠다. 임진왜란 당시 최초의 의병장이었던 유팽로 대장의 탄생지라는 의미를 살려 마을 담장 곳곳에 벽화도 그려놓았다. 뿐만 아니라 마을 진입로 1킬로미터 구간에 걸쳐 꽃길을 조성하고, 마을 중심부 공터에는 소공원을 만들었다.

그런데 이러한 아이디어를 제공한 사람은 다름아닌 이 마을로 이주한 귀농인이다. 그는 마을일을 묵묵히 돕고 이 같은 아이디어도 제공해 지금은 마을 사람들과 한가족처럼 살고 있다. 시골에서는 이런 유형의 사람들을 좋아한다.

이처럼 지역 발전을 위해 사심 없이 활동하는 귀농·귀촌인들이 의외로 많다. 이들은 지역의 활력소가 되어 지역사회가 하기 어려운 일들을 쉽게 풀어 나가기도 한다. 따라서 지역사회의 수용력을 어떻게 늘릴 것인가에 관심을 기울이는 것이 매우 중요하다.

도농교류

최근 도시 소비자들과 자녀들이 마을을 방문해 농산물뿐만 아니라 마을 전체를 체험할 수 있는 도농교류 프로그램이 활발하게 진행되고 있다.

충청남도 홍성군 홍동 문당리 농민들은 쌀과 채소를 인근 대도시의 소비자들과 계약재배, 직거래를 하고 있는데, 도시 소비자들은 매년 6월 초순이면 청둥오리 입식 행사인 홍동 '오리풀기대회'에 참가해 직접 논에 오리를 넣는다. 대개 생활협동조합·소비자모임·여성단체·시민단체 회원인 이들 소비자는 가족 단위로 행사에 참여하여 농민들이 준비한 유기농 먹거리를 먹고 재배 현장을 직접 견학한다. 이밖에 아동교육 프로그램, 체험 프로그램, 귀농 현장교육에도 참여한다.

은퇴하면 뭐 먹고 살래

〈표 13〉 생태교실 프로그램의 예

주제	프로그램	일정
약초교육	• 약초의 종류와 생태 특성 • 약초의 효능과 활용 • 약초 가공품 맛보기	• 당일, 1박2일, 2박3일 등 단기 일정에 맞는 교육목표, 교육 방향을 정하고 프로그램 개발 • 장기 체류자를 위한 프로그램 개발
한봉교육	• 벌과 벌집의 생태적 특성 • 한봉집 직접 맛보기 • 한봉 가공품 맛보기	
생태 및 감수성 교육	• 자연휴양림, 주변의 산림자원, 하천 등 자연자원을 통한 생태교육 실시 • 오감·육감 체험 프로그램 개발 • 다양한 예술·문화능력 개발 프로그램	
축제를 이용한 교육	• 산신제·감·산나무·약초·썰매타기·목공예·손두 부 만들기 등 다양한 축제를 통한 마을의 자연· 역사·문화 교육 • 다양한 사람들이 참가할 수 있는 프로그램 개발	
환경농업교육	• 마을에서 실시하는 환경농업 이해와 체험	
산림교육	• 올바른 산림자원 활용 교육 • 임업 관련 활동 체험	

　　강화도 환경농업농민회는 농업 활동뿐만 아니라 도시의 '남은 음식물' (농림부에서는 음식물 쓰레기도 귀한 자원이라 해서 '남은 음식물'이라고 표현하기로 했다) 자원화 운동을 하고 있다. 인천 연수구 1500가구와 3개 농가가 계약을 맺고 음식물 찌꺼기 자원화 운동을 시작한 이래 참여 인원이 계속 늘어 현재는 5200가구, 50여 농가가 참여하고 있다. 강화도 환경농업농민회는 도시 사람들이 버리는 음식물 찌꺼기를 모아 농촌의 가축 사료와 퇴비로 사용함으로써 도시의 환경오염을 줄이고 농촌의 환경농업을 발전시키는 일석이조의 농촌-도시 연대운동을 벌이고 있는 것이다.

　　이밖에도 환경농업농민회는 농촌-도시 지역 연대를 위해 도시민에게 농사체험 기회를 제공하는 농사같이짓기·환경농업 교육도 함께하고 있다. 그런가 하면 도시 의료인과 연계하여 마을 주민들이 정기 건강검진과 진료를 받고 마을 특산품 공동판매 행사를 진행하기도 한다. 뿐만 아니라 다른 지역 주민들과 마을의 자원 자립·순화 시스템, 생태적인 생산·생활양식 등의 정보를 교환하고 있다.

이 같은 생태형 도농교류는 도시와 농촌이 상생할 수 있는 아주 좋은 방안으로 앞으로 더욱더 활성화되어야 할 것이다.

은퇴하면 뭐 먹고 살래

8부

은퇴하면 살고 싶은 마을

강원 화천 동촌리

강원도 화천군 화천읍 동촌리(http://www.e-dongchon.com)는 오지 중
오지다. 십수 년 전인 1997년 12월 460번 지방도로에서 호음고개를 넘어
가는 도로가 나기 전까지는 외부와 통하려면 파로호 위로 배를 띄워야만
했다. 산과 골이 너무 험해 구름도 쉬어 간다는 해산(1190m)이 있다. 그 산
속에서 호랑이가 나타났다는 주민들의 신고도 있었을 정도로 오지마을
이다. 증거도 나와 1998년 산림청에서 실사까지 했던 곳이다. '호랑이 출
현'이 공식 확인되지는 않았지만, 주민 이광수 씨에 따르면 "당시 소 네
마리가 죽고 한 마리는 뼈만 앙상히 남았다"고 전한다.

　동촌리에는 애틋한 사연도 많다. 호랑이가 사람을 잡아먹고 머리만 바
위 위에 올려놓았다는 호음고개와 호총제(虎塚祭), 아들을 점지해 준다는

아들바위, 인제 백담사의 전신인 운봉사 등에 얽힌 사연들이 그것이다.

이곳 동촌리는 생태마을을 지향한다. 기후는 춥지만 아름다운 풍광과 자연환경이 전국 최고인 마을이다. 자연성이 뛰어난 오지이기에 오염과는 거리가 멀다. 냇물에서는 천연기념물인 황쏘가리와 열목어가 어렵지 않게 발견된다. 마을로 들어가는 계곡물에서는 꺽치·산메기·돌고기·쉬리 등을 흔히 볼 수 있다. 숲에선 천연기념물인 원앙이 놀고 있고, 장수하늘소·반딧불이·무당개구리도 반긴다.

국내 제일의 청정마을. 하지만 청정마을이라는 것만 가지고 먹고 살수는 없다. '오지=낙후=가난'은 움직일 수 없는 하나의 등식처럼 되어 있기 때문이다. 동촌리 역시 여느 산간 마을처럼 주민들이 하나 둘 도시로 떠나 빈집이 늘어 갔다. 현재 61가구 180명만 남았는데, 이중 65세 이상 노인이 43명이나 된다.

그런데 이 마을에 몇 해 전부터 생기가 돌기 시작했다. 2003년 강원도의 역점 사업 중 하나인 '새농어촌 우수마을'에 선정되면서 유명 관광지로 탈바꿈했기 때문이다. 이후 마을은 환경부 자연생태 우수마을로 지정되는가 하면, 농림부 마을가꾸기 경진대회 등에서 수상하는 등 스타 마을이 되었다.

이곳 동촌리는 지난 2004년 귀농해 농촌문학을 꽃피우는 작가 김용전 씨가 사는 마을이기도 하다. 그런가 하면 한국화가 한석춘 씨가 작품활동을 하는 곳이기도 하다. 김용전 작가는 아버지의 역할과 남자들의 속내와 본심을 솔직하게 풀어쓴 『남자는 남자를 모른다』의 저자.

동촌리에는 현재 10여 가구가 귀농해 살고 있는데, 서울에서 3년 전 귀농해 마을 사무장을 맡고 있는 조남호 씨는 한번 들어오면 나가기가 싫은 마을이라고 말한다. 마을은 귀농자가 들어오면 신고식이라는 이름

은퇴하면 뭐 먹고 살래

아래 마을잔치를 열어 서로 소개하고 이어 주는 자리를 만든다. 자연스럽게 마을 사람들과 친해질 수 있는 기회를 마련해 주기 위해서이다.

김용전 작가의 『남자는 남자를 모른다』(위)와 동촌리 파로호를 그린 한석춘 화가의 작품.

오지라고는 하지만 서울에서 자동차로 2시간 30분 밖에 안 걸리는 데다 마을의 경관 어메니티가 뛰어나 주민들은 귀농·귀촌하는 도시민과 함께 호수·계곡·경관을 아우르는 상품을 만들면 도시민들을 부를 수 있을 것이라고 믿었다. 이를 위해 마을 아래 파로호에 인공 수초섬을 만들고 마을 담장을 모두 허물어 마치 스위스 동화에 나오는 산속 호수마을 같은 분위기를 조성했다. 또 언제부턴가 사라진 70여 종의 담수어를 복원해 우리나라 최초의 담수어 공원도 만들었다. 그리고 강원도와 농림부 지역진흥과의 도움을 받아 향토 수송인 산메기와 쏘가리 등 수많은 어종의 치어를 계곡과 호수에 방류했다.

이렇게 되자 마을의 청정호수는 낚시를 즐기는 사람들에게 매혹적인 관광장소로 바뀌었고, 주변에 널려 있는 동·식물은 도시민들의 체험 대상으로 그 가치와 의미가 달라졌다. 그렇게 해서 지난 한 해에만 1만여 명이 넘는 도시민들이 동촌리를 다녀갔다.

이곳 동촌리 주민들은 해마다 한여름밤의 축제를 연다. 할머니·할아

마을 청년회가 파로호 주변의 버려진 땅 6000여 평을 개간해 심은 유채꽃밭.

버지들이 어린이들에게 호숫가에서 '한여름밤의 동화'를 들려준다는 꿈 같은 이벤트를 하는 것이다.

지난 2007년 1월 5일에는 전국에서 생태환경이 우수한 마을에만 수여하는 환경부 자연생태 우수마을로 지정되기까지 했다. 5년 넘게 마을 전 주민이 자연과 생태계를 보존하기 위해 애쓴 보람으로 개천에 산천어·버들치·어름치가 늘어나고, 수달·산양·원앙·반딧불이 등이 서식하는 '자연과 인간의 동행 공간'으로 탈바꿈한 것이다.

마을 청년회는 파로호 주변의 버려진 땅 6000여 평을 개간, 유채꽃을 심어 마을 방문객에게는 볼거리를 제공하고, 노인 회원들에게는 토종벌 밀원을 제공하는 등 일석이조의 효과를 거두고 있다. 이곳에서 생산되는 해산표고와 달래는 전국 최고의 상품 가치를 인정받고 있다.

이 마을에는 이른바 '귀농 역할론'이 있다. '우리가 마을을 잘 꾸며 놓

은퇴하면 뭐 먹고 살래

고 아름답게 가꾸어 놓았으니 귀농·귀촌하는 사람들도 우리와 함께 마을을 조화롭게 발전시켜 나가자'는 것이다. 일종의 신사협정인 셈인데, 여기에 동의를 하고 마을 주민과 더불어 살아가려는 마음이 있다면 좋은 노후를 보낼 수 있는 곳이다.

관광객 불러들인 '아이디어 뱅크', 동촌리 구장 박세영 씨

동촌리에는 카리스마가 있는 뛰어난 지도자가 있다. 박세영 구장이 그 주인공. 한국조폐공사 부장으로 근무했던 그는 외환위기 직전 명예퇴직하고 고향인 동촌리로 돌아왔다. 그가 고향에 와서 가장 먼저 한 일은 동네 어른들과 싸운 것. 마을의 자원인 환경을 보호해야 한다고 설득했지만 좀체 듣지 않았기 때문이다. 계곡에서 농약으로 절대 고기를 잡지 말 것, 전기로 물고기를 잡지 말 것 등을 아무리 얘기해도 "그동안 늘 해오던 것인데 왜 귀찮게 구느냐"는 식의 반응이 돌아왔던 것.

그러나 "어르신, 호수와 물고기가 우리 자산입니다"라고 귀가 따갑게 얘기한 끝에 시간이 지나 도시민들의 방문이 줄을 잇게 되면서 박 구장과 어르신들의 관계는 역전됐다. 이후로는 주민들 모두 그의 말을 군소리 없이 따른다고 한다.

박 구장은 이후 참개구리를 양식해서 산에 풀어놓는가 하면 메기와 산천어를 호수에 방류했다. 청정 이미지를 살리면서도 도시민들에게 놀거리를 안겨 주는 그린투어를 실천에 옮긴 것이다.

하지만 최근 들어 산메기가 계곡 안전을 위해 설치한 보의 영향 때문인지 줄어들고 있다고 한다. 자연은 자연스러운 것이 좋은데 인간이 인공적인 것을 자꾸 만들어 놓아 문제인 것 같다고 그는 말한다.

전남 강진군 월남리

유홍준 교수가 『나의 문화유산 답사기』에서 '남도 문화유산 일번지' 라고
일컬은 전라남도 강진. 그중에서도 월출산 남쪽 기슭에 위치한 월남리는
일번지 중의 일번지다. 월남리는 월출산 남쪽에서 달을 볼 수 있다 해서
붙여진 이름. 강진군에 흩어져 있는 국보와 보물 18개 중 12개가 바로 이
월남리에 있다. 월출산 금릉 경포대를 비롯해 월남사지 진각국사비(보물
313호), 현존하는 백제풍의 석물 가운데 백미로 꼽히는 모전석탑(模傳石
塔, 보물 298호), 원효가 세운 것으로 전해지는 무위사 등이 그것이다. 무위
사 극락전(국보 13호)의 맞배지붕은 나무를 타고 내려오는 선의 아름다움
을 매혹적으로 보여주는 것으로 유명하다.

　월남리의 백미는 뭐니뭐니해도 '남한의 금강산'이라 불리는 월출산

은퇴하면 뭐 먹고 살래

'남한의 금강산'이라 불리는 월출산. 큰 바위가 병풍처럼 둘러싸고 있다.

(809m). 큰 바위가 병풍처럼 둘러쳐진 오묘한 산으로, 마치 한 폭의 산수화를 그려놓은 것처럼 산세가 아름답고 뛰어나다. 차나무와 노송, 동백, 대나무가 단아한 면모를 자랑한다.

또 이곳에는 제주도에 이어 두 번째로 큰 다원(茶園)이 있다. 지난 1981년 5월 태평양이 조성한 10만여 평의 차밭으로, 현재 태평양의 티백 녹차 대부분이 이곳에서 생산된다. 월출산 남쪽 기슭은 기후 조건이 알맞아 냉해를 입지 않을 수 있다는 장점이 있기 때문이다. 예로부터 녹차를 애호하는 문인과 선비들의 전통사상이 면면이 이어져 온 곳으로, 해마다 봄철이면 많은 관광객들이 방문하는 관광명소이기도 하다. 드넓은 차밭에 서리방지용 팬이 설치되어 있어 이국적인 정취를 자아낸다. 사방 어디를 봐도 '와!' 하고 탄성이 절로 나오는 곳이다. 그러나 예로부터 산 주변의 여러 사찰을 중심으로 차나무가 재배되고, 초의선사와 다산 정약용의 영향으로 녹차의 메카가 될 수 있었음에도 아직 개발이 덜 되었다. 따라서 녹차 전문가가 이곳으로 귀농한다면 크게 성공할 것으로 생각된다.

차밭 중간엔 백운동(白雲洞)이라는 큰 동백나무 숲이 있는데, 워낙 울창해서 숲 속에 들어가면 한낮에도 마치 한밤중처럼 컴컴하다. 숲 가운데로는 계곡이 흐르고, 건너편에는 고풍스러운 집과 포석정 같은 곡류(曲流)와 정자 터가 있다. 이 정자에서 바로 다산 정약용 선생이 차와 시와 풍류를 즐겼다고 한다.

이렇게 보면 월남리는 그야말로 그린투어리즘을 꽃피울 수 있는 최적의 환경을 갖고 있는 셈이다. 그런데도 일반인들에게 그다지 많이 알려지지는 않았다. 연간 8만여 명의 관광객이 찾고 있으니 방문객 수로만 보면 적다고 할 수 없을지 모르지만 '남도 문화유산 일번지'라는 명성에 비춰 보면 모자라도 한참 모자란다고 할 수 있다. 아직 그린투어리즘의 토대가 마련되지 않았기 때문이다. 천혜의 차밭을 설명해 줄 방문객센터도 없고 도시민들이 머물 수 있는 민박집도 열 가구밖에 없다.

하지만 주민들이 일치단결하고 군과 협조하면서 지난 2005년부터 서서히 변화하기 시작했다. 농림부의 농촌마을종합개발사업을 신청해 약 70억 원의 정부 지원을 받아낸 것이다. 이 과정에서 마을로 귀농·귀촌하는 사람들도 늘어났다. 농림부는 2008년 11월 농촌마을종합개발사업에 대한 중간평가를 실시해 월남리가 있는 전남 강진군 성전면 송월권역(송월리·영풍리·월하리·월남리)을 최우수권역으로 선정했다. 30호 규모의 전통한옥마을사업을 유치하는 등 인구유입에 힘써 사업 착수 이전인 2005년에 비해 인구가 29명(7가구) 늘어난 사실을 인정받은 것이다.

서울대 환경대학원 양병이 교수는 "월남리는 지역적 특성을 살려 차 마시기나 불교문화 체험 프로그램을 만들어야 한다"고 말한다. 한국농어촌공사의 최동주 박사도 "월남리에 그린투어의 한 거점이 필요하다"고 말한다. 월남리 백운동 계곡에 있는 열 가구를 민박집으로 가꾸면 주변의 차밭과 어울려 훌륭한 자산이 될 것이라는 이야기다.

은퇴 후 시골에서 살려는 사람들이 이 주변에 살면 기후와 경관은 물론이고 소득 면에서도 좋을 것으로 보인다. 월남리가 자랑하는 문화유산, 즉 고혹적인 찻잎 따기, 월남사지와 무위사의 역사 탐방, 월출산에서의 생태관찰 등을 통해 도시민들에게 재미와 감동을 줄 수 있기 때문이다.

월남리 '숲 해설사' 김은규·강영석 씨

그린투어리즘이 본격화하지 않은 월남리에도 그린투어의 리더가 있다. 서울 남대문에서 액세서리 장사를 하다가 외환위기 후 월남리로 귀농한 김은규 씨와 강진군 전 의회 의장 강영석 씨가 그 주인공.

김은규 씨는 월남리에 정착한 뒤 월남리를 이해하기 위해 먼저 공부를 했다. 숲 해설사·문화유산 해설사 등 지역을 소개하는 강사 과정을 마친 것. 이후 월남리와 월출산을 중심으로 도농교류와 함께 자연체험학교를 열었다. 지금은 '자연을 사랑하는 사람들'이라는 음식점을 운영하는데, 그곳에서 '광주전남 팜스테이(farm stay) 정기협의회'가 열려 '지역 활성화와 도농교류 발전방향'이라는 주제로 토론회를 열 정도가 됐다. 2010년 2월에는 삼성경제연구원의 세리내 모임을 한국도농교류연구회로 확대 개편하는 작업도 하고 있다.

한편 강영석 씨는 월남리 토박이로, 월남리가 살 길은 물려받은 문화유산을 보존하고 상품화하는 것이라고 지역주민들에게 설득했다. 그 역시 숲 해설사 등의 교육을 받아 이론 무장을 한 데다 의회 의장을 지내며 전통문화 보전과 지역 자원 활용 사업을 주창해 왔다.

이 두 사람은 요즘 '월남리 서포터스'를 구상하고 있다. 월남리의 차밭을 한 번쯤 들르는 단순 관광객이 아니라 마을을 지속적으로 찾아 실질적으로 교류할 수 있는 도시민들을 찾아나서려는 것이다. 지금도 페이스북에는 김은규 씨의 월남리 이야기가 매일 올라온다.

충북 단양 한드미 마을

충청북도 단양군 가곡면 어의곡리 한드미 마을(http://www.handemy.org)은 40가구 67명이 사는 작은 산간 마을이다. 한드미('큰 골짜기'란 뜻)라는 마을 이름에서 짐작할 수 있듯이, 소백산 비로봉(1440m) 아래 자리한 Y자형의 좁고 긴 계곡 마을이다.

야생화 만발한 이 소백산의 관문 마을이 최근 몇 년 사이 갑자기 유명해졌다. 고 노무현 대통령이 이곳에서 농촌체험을 하면서 일약 스타마을로 떠오른 데다 산림청에서 실시하는 산촌종합개발사업, 행정자치부의 정보화마을사업, 농림부의 녹색농촌체험마을 및 마을종합개발사업 등 정부 각 부처에서 실시하는 농촌시범사업에 줄줄이 선정된 것이다. 덕분에 한 사업당 2억 원에서 70억 원까지 정부 예산 100억 원가량을 타게 됐

은퇴하면 뭐 먹고 살래

충청북도에서도 손꼽히는 두메산골인 한드미 마을이 농촌시범사업에 줄줄이 선정되면서 생기가 돌고 있다.

다. 한드미처럼 '4관왕'에 오른 마을은 전국을 통틀어 손꼽을 정도다. 그런데 4관왕 마을은 희한하게도 모두 '미' 자가 끝에 붙어 있다. 화천 토고미 마을, 이천 부래미 마을, 단양 한드미 마을 등.

그러면 한드미 마을은 어떻게 4관왕에 오를 수 있었을까. 비결은 마을 발전을 위해 주민들과 전문가가 함께 머리를 맞대고 연구한 데 있다. 처음에는 단양군청이 농림부와 충북도청을 오가며 조정자 역할을 했지만 도저히 안 되겠다 싶어 전문가를 끌어들였다고 한다. 농촌개발 전문 건설팅업체인 (주)이장에 마을 종합발전방안에 관한 연구용역을 준 것이다.

(주)이장 대표 임경수 박사는 마을 발전의 첫 번째 요소가 주민참여라보고 모든 주민이 함께하는 상향식 개발을 구상했다. 또한 한드미의 자연환경을 최대한 활용했다.

한드미 마을은 소백산 비로봉 아래 깊은 골짜기를 끼고 있는 마을이다. 마을 위 느릅나무 숲 터널을 지나면 신갈나무 군락지가 나오고, 바위

1 한드미 주민들은 중년의 도시민들이 즐겨 찾도록 마을 안길에는 돌담을 쌓고 계곡 주변엔 방갈로를 만들었다.

2 이 마을의 또 다른 자랑거리 석회암 동굴 입구. 이 동굴에서 나오는 차가운 바람에 식품을 쏘이면 더할 나위 없이 맛이 좋다고 한다.

를 지나 천연기념물인 주목 군락지를 오르다 보면 비로봉이 나온다. 백두대간의 허리인 것이다. 다시 비로봉 정기가 흐르는 신비로운 계곡을 따라 내려오면 산천어·동자개·버들치가 지천이다. 희귀식물인 외솜다리(에델바이스) 등 야생화도 널려 있다.

이런 마을 특성 때문에 이곳을 찾는 등산객들은 '어의곡 원점 회귀 코스'를 즐겨 탄다. 어의곡 코스는 소백산의 호젓한 산세를 즐기며 등·하산로를 달려 원래 출발지로 돌아오는 코스로, 여름과 가을에 경관이 수려하고 물이 많아 인기가 높다.

한드미 주민들은 중년의 도시민들이 즐겨 찾도록 마을을 가꾸었다. 마을 안길에는 돌담을 쌓고 계곡 주변엔 방갈로를 지었다. 또 영지·상황·표고버섯과 우렁이오리쌀, 고로쇠 수액을 생산했다. 게다가 고로쇠 수액으로 담근 청국장과 된장도 내놓았다. 정앤서컨설팅의 서윤정 대표는 "선택된 고객을 특화해 지역을 신뢰하게 만들고 이들과 지속적으로 직거

은퇴하면 뭐 먹고 살래

래를 한 것이 한드미 마을의 그린투어리즘 성공 요인"이라고 말한다.

이 마을의 또 다른 자랑거리는 석회암 동굴이다. 고생대 초기에 만들어진 석회암 동굴은 좁고 길어서 그야말로 박쥐 천국이다. 과거엔 경상북도 풍기까지 뚫려 있었다는 말도 있다. 이 동굴에서 나오는 차가운 바람에 식품을 쏘이면 맛이 더할 나위 없이 좋다고 한다.

단양군청 농림과 김계현 씨는 "이곳에서 생산되는 농산물은 일교차가 큰 재배 환경과 석회암 황토밭의 특성으로 오래 보관해도 상하지 않고 당도도 일품"이라고 말한다. 때문에 현재 서울 송파구 잠실6동, 부산 부산진구 범천1동, 경북 보령시 대천2동이 한드미 마을과 자매결연을 맺고 이곳에서 생산되는 고추와 마늘, 콩과 수박 등을 가져간다. 농촌진흥청 오승영 박사는 "소백산을 찾는 등산객들은 한드미 마을에서 하루쯤 묵으며 농촌체험을 해보면 색다른 기분을 맛볼 수 있을 것"이라고 말한다.

이처럼 충북에서 손꼽히는 두메산골 한드미 마을에 생기가 돌고 있다. 40가구 67명의 주민들이 소백산 자락의 밭을 일궈 콩·수수 등을 키우며 옹기종기 사는 고즈넉한 산골 마을이 2003년 계곡과 산촌을 그대로 간직한 체험마을을 조성하면서 달라진 것이다. 2005년 노무현 전 대통령을 비롯해 1만 9904명이 다녀간 데 이어 2009년에는 단양군 전체 인구(3만 1600명)와 맞먹는 2만 9500명이 찾아 4억 2300만 원의 수입을 올렸다.

체험마을 김동주(35) 사무국장은 "2007년부터는 전국의 도시 학생들을 모아 1년 동안 농촌 생활·교육을 체험하는 '농촌 유학'을 열면서 초등학생 20명이 마을에서 생활하고 있고, 매년 한 해에 한두 가족이 귀농하는 등 인구가 늘어나 마을에 생기가 돌고 있다"고 말한다.

2011년 현재 한드미 마을에는 12명이 귀촌했으며, 이중 7명은 마을 체험을 지원하는 활동을 하고 있다.

'산골쉼터' 꾸민 억척 부녀회장 소순금 씨

한드미 마을의 도농교류를 이끈 정문찬 대표와 소순금 씨. 소씨는 남편이 폐암 말기 진단을 받자 공기 좋은 소백산 기슭에서 임종을 맞겠다는 남편의 뜻을 따라 1997년 부산 구포에서 어의곡리로 귀촌했다. 아무 연고도 없이 정착해 모든 것이 낯설었지만 주민들의 따뜻한 인심에 마음이 놓였다. 다행히 남편의 건강이 차츰 회복돼 7~8년 전부터 농사일을 할 수 있을 정도가 되자, 그때부터 소씨는 부녀회 일을 맡으며 마을을 도시민과 연결하는 그린투어리즘에 매달리고 있다. 지금은 나이 때문에 부녀회장직을 다른 사람에게 넘겨주었지만 열정은 여전하다.

한드미 마을이 농촌체험 마을로 거듭나게 된 중심에는 전 이장이자 마을 대표인 정문찬 씨가 있다. 정 대표는 부산에서 운수업에 종사하다 고향으로 귀촌한 뒤 "농촌을 가장 농촌답게 만드는 것이 경쟁력 있다"는 신념으로 열심히 마을 운동에 매진했다. 주민들과 함께 마을회관을 개조해서 식당으로 만드는가 하면, 마을 모습을 되찾기 위해 벽돌담을 돌담으로 바꿨다. 뿐만 아니라 태양광 녹색에너지를 활용하고 생태화장실을 만드는 등 갖가지 노력을 기울인 끝에 도시인들이 즐겨 찾는 산골 마을을 조성하기에 이르렀다.

정 대표는 부녀회와 작목반 조직을 활용해 도시 체험객들이 오면 4개 조로 나누어 도시민의 어의곡리 체험을 돕도록 했다. 마을회관 앞에 떡치는 돌판과 두부 만드는 가마솥을 설치해 인절미 만들기, 두부 만들기 체험을 할 수 있도록 한 것이다. 이를 통해 부녀회 기금을 1000만 원이나 모았다.

한편 소순금 씨는 민박도 하고 있다. 작은 방이 두 개. 하룻밤 숙박료가 4만 원으로 소씨 남편의 '죽었다 살아난 이야기'를 들을 수 있다. 직접 키운 토종 닭에 엄나무, 밤, 버섯, 대추, 녹두, 찹쌀과 각종 약재를 보자기에 싸넣고 푹 끓인 닭 백숙은 닭살이 쫄깃하고 국물이 깔끔해 맛이 일품이다.

귀농에 성공한 소씨는 "예로부터 이곳은 콩이 고소했다"면서 "이 지역에 5대째 비법을 전수해 온 토속 된장과 청국장집이 있는데, 이 기술을 활용해 도시민들에게 전통의 맛을 전해 주고 싶다"고 말한다.

경북 경주 다봉마을

경주 다봉마을(http://www.dabong.or.kr)은 언론에 전혀 알려지지 않은 처녀지와도 같은 곳이다. 경상북도 경주시 산내면 감산2리에 위치한 다봉마을은 사람들이 살기 가장 좋다는 해발 500~700미터에 위치해 있다. 멀리 가지산이 보이는 등 첩첩산중에 자리한 고원 마을이다. 마을 이름이 다봉(多峯)인 것은 마을에서 보면 둥근 봉우리가 스무 개 이상 보인다고 해서 붙여진 이름이다.

다봉마을의 가장 큰 특징이라면 뭐니뭐니해도 경주에서 해발이 가장 높은 마을이라는 것이다. 두 번째는 마을 어디서나 물이 나온다는 것이다. 세 번째는 마을에 대문이 제주도처럼 없다는 것이고, 네 번째는 마을 전체가 돌담으로 이루어져 있다는 것이다. 다섯 번째는 사방 어디에서 보아도

전부 보이고 들려 개인의 프라이버시가 없다는 것이다.

이 마을에 최근 귀농 열풍이 불면서 외지 사람들이 땅을 사고 집을 짓는 일이 많아졌다. 주민은 85세대 164명으로 이 가운데 5% 정도가 귀농한 사람들이다. 도예가, 전직 공무원, 야생화 전문가, 농장 경영자 등 이력도 다양하다. 원주민들과의 관계는 매우 좋다. 원주민들 대부분이 70대 후반이어서 별 문제가 없고, 서로 위해 주면서 살아간다.

그렇다면 이곳에서 무엇을 하며 어떻게 살 것인가. 도시에서 귀농·귀촌한 사람들에게 이곳 생활이 단조로운 것은 사실이다. 소일 삼아 농사짓고, 손님들이 오면 민박하고……. 그야말로 수묵화처럼 느리고 소박하게 살아간다. 숨막힐 듯한 경쟁과 바쁜 도시 생활에 지친 사람들이 달콤한 휴식을 취하기에는 더할 나위 없이 좋은 곳인 셈이다.

지방노동사무소 소장을 지낸 김인영 씨도 이 마을에 와서 조용히 살고 있다. 주말에는 민박을 하는데, 민박집이 너무 아름다워 모두 와보고는 감탄을 한다고 한다. 이 집 컨셉트는 사계절 꽃을 보는 집, 편안한 집, 다시 오고 싶은 집으로 야생화와 잔디가 절묘한 조화를 이루고 있다. 주중에는 경주 시내 어린이들의 견학·실습 장소로 이용되기도 한다.

해발이 높은 만큼 다봉마을에서는 고랭지 농업을 하고 있는데, 옛날에는 화전을 주로 했다고 한다. 이곳에는 장전(掌田)이라는 다랭이 논이 있다. 장전이란 손바닥 정도의 작은 논 또는 밭을 말하는데, 실제 한두 평짜리 논은 아기자기하다 못해 앙증맞다. 다봉마을에서는 한 마지기가 200평이 아니라 150평인데, 그나마 한 마지기짜리 논이 귀하다고 한다.

현재 쌀·체리·고추·산채·고사리·고랭지채소 등을 주로 생산하는데, 앞으로는 산나물이나 약초를 중심으로 재배할 계획이라고 한다. 이곳은 워낙 지대가 높은 까닭에 해충도 별로 없어 약을 거의 치지 않는다.

말 그대로 친환경 농업인 셈이다.

마을가꾸기에 열심인 사람들을 보고 경주시 농업기술센터에서도 전통테마마을 지원에 나섰다. 2억 원을 지원, 마을에 주요 거점을 마련하도록 한 것이다. 경주시 농업기술센터 최진호 계장은 "마을사람들이 열심히 일하고 자원도 많고 귀농인들과 원주민들의 관계도 좋아 발전 가능성이 많은 마을" 이라고 말한다.

마을에는 송림학당이라는 대안학교도 있다. 학생수가 70명 정도로, 주로 부산권 학생들이 오는데 학생들 표정이 무척 밝고 인사성도 좋다. 경상도 사투리가 약간 섞인 '안녕하세요' 라는 인사가 정답게 느껴진다. 앞으로 학생들의 교육과 체험학습이 마을과 같이 이루어지고 원주민과 귀농자들이 선생님 역할을 한다면 학교도 더욱 발전할 것으로 보인다.

마을의 대표 자원은 마을 입구에 있는 장사지라는 저수지다. 장사지의 물은 맑고 깊어서 물고기의 맛은 좋지만 물이 차서 고기가 잘 자라지 않는다고 한다. 그래서 물고기는 기르지 않고 농업용수로만 사용하고 있다.

마을 입구에는 '장사마을'이라는 푯말과 느티나무가 서 있는데, 푯말 아래엔 옹달샘이 있어 운치가 제법 있다. 이 샘은 지나가는 나그네의 입맛도 살려 주고 정을 담아 주며 잠시 쉬어갈 여유를 주던 곳이다. 하지만 현재는 별로 사용하지 않는 까닭에 제대로 관리가 안 되어 아쉬움이 크다.

마을 입구에서 왼편으로 20여 호가 옹기종기 모여 있는데, 마을 전체가 돌담으로 이루어져 있다. 앞에서 말했듯이 대문이 없는 것은 제주도 말고 육지에서는 아마 보기 힘든 광경일 것이다. 돌담은 일반 막쌓기를 했는데 아산 강당리나 외암마을처럼 정교하지 않고 자연스러운 게 보기 좋다.

마을 오른편에는 로하스 농장이 자리잡고 있는데, 체리나무, 모과나무, 고사리, 찻잎 색깔이 보라색인 자순차, 토종꿀, 산양삼 등 다양한 자

마을 입구에 있는 '장사마을'이라는 푯말과 느티나무. 왼편으로 20여 호가 옹기종기 모여 있는데, 마을 전체가 돌담으로 이루어져 있다.

원을 기르고 있다. 이 농장의 윤우희 대표 역시 귀농자로 서울에서 대기업에 다니다가 이 마을에 반해 회사를 때려치우고 내려온 인물. 땅 약 14만 평을 구입해 자신의 평생 지도를 이곳에 그리고 있다.

하지만 세상에 쉬운 일은 없다. 야망이 크면 어려움도 큰 법. 문제는 그가 하는 일이 돈은 들어가도 소득이 쉽게 나올 수 있는 구조가 아니라는 데 있다. 농촌에서는 작고 소박한 것에서 출발해 다른 것과 차별화해야 소득을 올릴 수 있는데, 그의 농장은 크게 차별성을 갖지 못하는 데다 동선이 너무 크다는 점이 있다. 체험프로그램을 운영하려면 담당자들이 여럿 있어야 하는데 사람은 돈이기 때문이다. 이 농장은 컨셉트를 조금 바꾸면 천하명소가 될 가능성이 높다.

마을의 자원과 여건을 분석할 때 유용한 수단이 스와트(SWOT) 분석

은퇴하면 뭐 먹고 살래

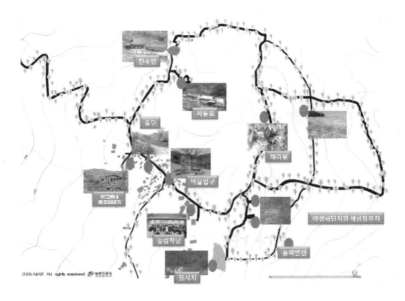

마을 자원 분포도

이다. 마케팅 전략을 세울 때 많이 사용하는데, 먼저 내부 환경을 분석하여 강점(Strength)과 약점(Weakness)을 발견하고 외부 환경을 분석하여 기회(Opportunity)와 위협(Threat) 요인을 찾아내 이를 토대로 강점은 살리고 약점은 죽이는 것이다. 기회는 활용하고 위협은 억제하면서 강점을 키우는 전략이다.

경쟁 기업과 비교하여 소비자에게 강점으로 인식되는 것은 무엇이고 약점으로 인식되는 것은 무엇인지, 또 외부 환경에서 유리한 기회 요인은 무엇이고 불리한 위협 요인은 무엇인지를 찾아내는 것이다. 마을 내부의 강점과 약점을, 외부의 기회와 위협을 대응시켜 주민의 목표를 달성하는 것이다.

아직 젊은 사람들에게는 이 마을이 그다지 매력적으로 느껴지지 않겠

<표 14> 다봉마을의 스와트 분석

강점 (Strength)	• 아름다운 항아리 형태의 고원 분지 마을 • 경주 다봉을 주제로 체험프로그램 도출 • 마을의 우수한 인적자원 • 마을 고유의 농특산물(산채·약초·고추·고사리·차 등) • 마을만의 다양한 어메니티 보유(돌담·솟올샘·다랭이논·다봉)
약점 (Weakness)	• 체험프로그램 기반시설 및 프로그램 미비 • 젊은 인력 전무 • 마을 인구수가 적고 고령화 • 인적자원이 수적으로 다소 취약 • 주요 관광객의 감산리 내 마을 유입 적음 • 가족 단위 도시민을 위한 숙소·체험장 적음 • 마을만의 독특한 CI 부재
기회 요인 (Opportunity)	• 마을 규모가 작고 자연친화적인 웰빙 테마가 명확하여 합심해서 사업에 집중할 수 있음 • 주변 인근 부락의 체험마을 부재 • 마을 진입이 어려움(소수의 충성 고객 선택) • 경주 다봉의 인정 보존 가치와 상품성 높음 • 감산리의 자연환경이 뛰어남 • 특이한 주제로 결합(야생화+로하스 농장+도예)
위협 요인 (Threat)	• 그린투어에 대한 강한 구심력 부족 • 관광객 유치에 따른 환경오염 우려 • 체험 위주의 소득 위한 교육 및 지도자 부족 • 기존 주민의 고령화로 체험 참가 어려움 • 인력자원 부족으로 규모화의 한계 • 진입 도로가 열악해 일반화하기 힘듦

지만, 이 마을은 느리고 소박한 삶을 원하는 사람들에게는 의미있는 곳이다. 불혹의 나이를 넘긴 사람들은 왠지 모를 편안함을 느끼는 것 같다. 어머니의 품에 안기는 듯한 포근함이라고 할까. 때문에 이 마을에는 중년의 사람들이 많이 찾아온다. 이들은 아침에 일어나 마을을 보면 완전히 매료된다. 맑고 신선한 공기와 저 멀리 가지산 연봉이 발아래 놓이고 물안개가 산허리를 휘감은 광경은 마치 무릉도원에 와 있는 듯한 감동을 주기

때문이다.

그러나 마을 경치만 보고 살 수는 없는 일. 마을에서 살려면 무엇보다 자신이 할 수 있는 일이 있어야 한다. 제일 좋은 방법은 농사는 취미로 조금만 짓고, 나머지 시간은 자신이 도시에서 하던 일을 지속하는 것이다. 이것을 '반농반사'라고 하는데, 반은 농사 짓고 반은 도시에서 하던 일을 계속하는 것을 말한다. 이 방법은 일정한 수입을 얻을 수 있기도 하고 서서히 농촌에 적응할 수 있는 길이다.

다봉마을에서 '산꽃동네 들꽃마을'이라는 민박을 운영하는 김말순 씨. 그는 도시에 살 때부터 야생화에 관심이 많았다. 전국각지로 채종 여행도 가고 야생화 전시회도 열었다. 다봉마을에 정착한 그는 집을 말끔히 단장해 민박집으로 꾸미고는 이런저런 꽃을 심었다. 야생화도 비닐하우스를 만들어 기르고 있다.

그의 한 달 수입은 어림잡아 200만 원. 시골에서 200만 원은 큰돈이다. 그가 이렇게 수입을 올릴 수 있는 것은 야생화로 차별화했기 때문이다. 야생화에 대해 젊은 시절부터 연구하고 가꾸던 것이 은퇴 후 시골 생활에 큰 도움이 된 것이다. 김씨는 "자신이 좋아하는 일을 원없이 하고 투자하라"고 말한다. 자신이 좋아하는 일을 할 수 있다는 것은 큰 행운이다. 그런 행운을 거머쥐기 위해서는 생활을 자기 중심으로 바꾸는 연습을 평소 해야 한다.

그런데 민박을 하든 농촌관광을 하든 이름을 짓는 것은 참으로 어렵다. 예전에 필자가 경향신문에 다닐 때 A 부장은 언제나 "제목이 반이다"라는 말을 입에 달고 다녔다. 제목이 그만큼 중요하다는 말이다. 마을 이름도 잘 지어야 한다. 몇 단어에 마을의 모든 것이 함축되어야 한다.

그러기 위해서는 먼저 대표 이미지를 만들어야 한다. 예를 들어 A 마을

김말순 씨가 운영하는 민박집 '산꽃동네 들꽃마을'의 가을 전경. 이 집은 늘 꽃이 만발해 있다.

하면 떠오르는 느낌, B 하면 생각나는 것, C 하면 연상되는 것을 함축적으로 한 단어 혹은 두 단어로 만들어야 한다는 것이다. 마치 카피라이터처럼 생각하고 만들어야 한다. 카피란 광고물에서 아이디어나 크리에이티브의 중심이 되는 메시지를 문자나 멘트로 나타낸 것을 말한다. 다른 측면에서 보면 광고의 표현 요소들, 즉 비주얼·레이아웃까지 포함한 크리에이티브 전체를 말하기도 한다.

마을 이름도 광고처럼 춤추고 생각해야 한다. 마을 이름을 짓는 것은 의뢰받은 팀 전원의 아이디어를 창조적으로 조화시켜 가장 적절하고 효과적인 방법으로 문자화하는 것이기 때문이다. 마을 이름을 정하는 과정에는 다음과 같은 것들이 요구된다.

첫째, 시대 흐름이나 소비자의 가치관, 세대 흐름을 읽을 줄 아는 안목이 필요하다. 풍부한 상상력으로 정반합(正反合) 과정을 거쳐 창의적인 생각

은퇴하면 뭐 먹고 살래

을 뽑아낼 수 있어야 한다. 둘째, 사회학자·언론인·심리학자적 기질로 소비자 혹은 도시민을 상대로 설득할 수 있어야 한다. 이를 위해서는 소비자의 심리 상태나 본능을 잘 알고 소화해 내는 능력이 요구된다. 셋째, 박학다식한 지식이 요구된다. 어떤 마을을 맡더라도 충분한 지식과 이해로 그 자원을 분석할 줄 알아야 한다. 그러기 위해서는 많이 읽고, 많이 보고, 많은 것을 알아야 한다. 넷째, 전략적 사고와 함께 예술 감각이 있어야 한다. 전문 카피라이터 같지는 않더라도 자기 마을이나 자신이 앞으로 어떤 삶을 살고 어떻게 노후생활을 할 것인가를 꿰뚫고 있어야 기획서도 작성할 수 있다. 다섯째, 아이디어를 개발하는 커뮤니케이션 전략가로서 마을 계획이나 프로젝트를 세울 수 있어야 한다. 이를 위해서는 폭넓은 발상이 필요하다. 여섯째는, 소비자 언어 구사 능력이 있어야 한다. 예쁜 문장이나 문학적 표현보다는 소비자의 눈에 확 띄고, 마음을 사로잡을 수 있는 표현을 할 줄 알아야 한다. 그래야 소비자들의 공감을 얻고 주목을 받을 수 있다.

다봉마을의 경우, 이러한 여러 가지 변수를 고려해서 결정한 이름이 '휴식과 명상이 흐르는 경주 다봉마을'이다. 한 가지 덧붙인다면 이 이름을 지은 것은 필자가 대표로 있는 (주)그린투어컨설팅이다. 이 마을 개발 계획을 세우기 위해 10여 차례 경주로 내려갔는데, 개인적으로 경상도에 내려가 산다면 가서 살고 싶은 마을이다.

주민들은 마을을 발전시키기 위해 마을의 대표 자원을 개발·창조하고 일부는 복원하는 절차를 거쳤다. 이곳 산사에서는 템플스테이를 할 수도 있고 사찰 음식을 먹을 수도 있다. 또 전문 도예가의 지도를 받아 도자기 만드는 체험도 할 수 있고, 주민들과 로하스 농장에서 농작물 생산에도 참여할 수 있다.

게다가 다봉마을은 다른 곳에서는 보기 힘든 독특한 돌담과 우리나라 그 어디에서도 좀처럼 찾아볼 수 없는 등산로를 가지고 있다. 이 모든 것이 체험 상품이 되기에 충분하다.

체험은 복합적인 상품이 효과 면에서 좋다. 예를 들어 세 가지 컨셉트로 여섯 가지 이상의 상품을 만든다. 어떤 상품을 만들 것인가는 지역에 따라 다르다. 상품은 소비자 취향으로 만들어야 한다.

하지만 그렇게 한다고 해서 꼭 성공하는 것은 아니다. 『3천만 원으로 은퇴 후 40년 사는 법』에서 소개한 강원도 평창의 정철화 씨 사례가 대표적이다. 그는 지역의 자연조건을 자신만의 독특한 방법으로 해석했다. 실례로 동강과 접한 임도를 20분 정도 달려 인공이란 아무것도 없는 순수 자연 공간에서 별보기 체험을 했던 것이다. 말로는 설명하기 힘들다. 현장에 직접 가서 보면 정말 재미있고 감동적인 프로그램이다.

다봉마을 발전 조감도

은퇴하면 뭐 먹고 살래

다봉마을은 체리나무가 가로수로 식수된 특이한 마을이다. 이를 활용해 6월이면 거리에서 체리를 직접 따서 먹을 수 있는 등 다양한 체험프로그램이 마련되어 있어 여유와 낭만을 즐길 수 있다.

262쪽 그림은 다봉마을 발전계획을 세운 조감도다. 귀농·귀촌자는 자기가 몸담고 있는 마을을 어떻게 구상하고 어떤 식으로 만들어 나갈 것인가, 항상 의문을 가지고 살아야 한다. 어찌 보면 귀농·귀촌이 편해야 하지만 세상 어디에도 마음처럼 편한 곳은 존재하지 않는다. 다만 잊고 휴식할 따름이다.

강원 평창 수림대 마을

강원도 평창의 금당계곡 물길을 거슬러 올라가면 마치 무릉도원과도 같은 수림대 마을(http://surimdae.co.kr)이 나온다. 수림대 마을에 가려면 영동고속도로 장평IC에서 20분쯤 비포장도로를 달려야 한다. 이곳에서는 휴대폰이 터지지 않는다. 독도에서도 휴대폰이 터지는 걸 보면 수림대는 독도보다 문명과 더 거리가 있는 곳임에 틀림없다. 사람들도 얼마 살지 않는다. 그래서인지 모두 한가족처럼 지낸다. 그럼에도 농촌 관광으로 전국에 이름이 알려져 있다.

수림대 마을은 험한 산이 에워싸고 있다. 마을 초입의 단풍나무 가로수 길 쪽으로 좀 트여 있는 것도 잠시, 곧바로 병풍처럼 둘러쳐진 천연림이 온통 시야를 가린다. 마을 입구에 들어서면 수림대 마을 장승이 방문

은퇴하면 뭐 먹고 살래

수림대 마을은 우리나라에서 가장 아름다운 산골이다. 이 마을의 로고는 국민대 교수이자 환경운동가인 윤호섭 선생이 만들었다.

객을 맞이하고, 농협의 '팜스테이 지정 마을'이라는 팻말이 선명하게 눈에 들어온다. '잠자리가 편하고 주민이 친절하다'는 것을 농협이 인정해 준 것이다. 마을 안쪽으로 좀 더 깊숙이 들어가면 수령이 200년 이상 된 소나무 군락이 마을 중앙 솔섬과 폐교 앞에서 마을을 지키고 있다.

수림대 마을이 있는 강원도 평창군 봉평면 유포3리는 23가구 80여 명이 살고 있는 작은 산골이다. 청태산(1200m)에서 기다란 용이 마치 금당계곡 쪽으로 입을 벌리고 있는 듯한 형상을 하고 있다. 청태산 계곡에서 발원한 물은 작은 천을 이루며 마을을 지나 금당계곡으로 흘러간다. 수림천은 맑고 깨끗해서 청정한 물에서 산다는 산천어·쉬리·버들치·어름치·토종 메기들이 많다. 이 물고기들은 사람을 보고도 도망가지 않는다. 마음이 절로 평화로워지는 광경이다. 밤이면 수달과 마주치기도 하고, 고라니들이 내려와 물을 마시고 가기도 한다. 가끔은 멧돼지와 맞닥뜨리기도 한다.

수림대 마을 주민들은 농사할 때 절대 농약을 쓰지 않는다. 농약을 쓰면 계곡의 물고기가 모두 죽을뿐더러 그것은 곧 수림대 마을의 몰락으로 이어질 것이라는 생각에서다. 그래도 친환경 인증을 아직 신청하지는 않았다. 주로 재배하는 작물은 고추 · 감자 · 산나물이며, 토종꿀도 재배한다.

수림대 마을에서 단연 인기 있는 먹거리는 곤드레 꽃나물밥. 마을에서 직접 채취한 나물들과 산채두릅, 된장이 어우러진 꽃나물밥의 맛은 가히 일품이다.

이 마을에는 5~6가구가 귀농해 있는데, 월간 『여행스케치』를 발행하는 '사단법인 좋은책읽기가족모임' 대표 김수연 목사가 대표적 인물이다. 그는 이 마을에 터를 세우고 서울과 수림대 마을을 오가며 살고 있다. 『여행스케치』는 한 손에 잡히는 얇은 두께와 내실 있는 정보가 강점으로 알려진 잡지다.

수림대 마을에 대해 농촌진흥청 조록환 박사는 "수림대 마을의 먹거리는 메밀국수와 옥수수, 감자를 조합한 것으로 올해 송어와 산천어 잡기 체험행사가 진행된다면 볼거리 · 먹거리 · 쉴거리의 3박자가 어우러질 것"이라고 말한다.

마을 사람들의 지역 사랑과 마을 발전 의지는 대단하다. 먼저 주민들이 단합하여 지난 2000년에 그 어렵다는 강원도 지정 '새농어촌마을'이 되었다. 새농어촌마을 운동이란 강원도에서 농어촌 주민들에게 '하면 된다'는 자신감을 심어 주어 어려운 농어촌을 활성화하기 위한 운동이다. 선택과 집중, 혁신과 자기계발을 통해 선정된 우수마을에 5억 원의 사업비를 지원하고 그린 어메니티나 그린투어 등 각종 농정시책사업을 우선적으로 지원한다.

수림대 마을의 혁신은 농업보조금과 새농어촌마을 포상금을 받아 펜

은퇴하면 뭐 먹고 살래

농업보조금과 새농어촌마을 포상금을 받아 지은 펜션. 수림대 마을의 혁신은 이 펜션을 건립하는 데서 시작됐다.

션을 건립하는 데서 시작했다. 수림대 마을 23가구의 공동체운동의 결실
인 셈이다. 이기철 사무장은 "농업보조금과 포상금을 받아 마을 공동으
로 소를 키운 뒤 팔고 주변 스키장의 겨울 수요를 생각해 펜션을 지었다"
고 회고한다. 소 팔고 땀흘려 잘살기 위한 운동을 적극적으로 전개해 지
은 펜션은 지난 2003년 완공됐다. 요즘 주말에는 미리 예약하지 않으면
방이 없을 정도로 인기가 좋다.

　　평창군청 선윤철 계장은 "눈앞의 이익보다 상기석이고 꾸준한 마을 발
전을 생각하고 투자한 주민들이 자랑스럽다"면서 "이들을 돕기 위한 실
질적인 방안과 규제완화가 필요하다"고 말한다. 한국농어촌공사 유상건
박사는 "정부는 농촌마을종합개발사업을 통해 복합마을 단위의 공동체
성을 확보하고 선택과 집중 속에 마을 경쟁력을 증진시키는 방안을 모색
하고 있다"면서 "수림대 마을과 같이 스스로 노력하는 마을을 적극 도울
수 있는 방안을 강구하고 있다"고 밝혔다.

구분	구성	주요기능
체험분과위원회	사무장 1, 부녀회 3, 농우회 3	지역자원 조사, 체험프로그램 개발 운영 매뉴얼 작성, 농가 교육 등
체험작목반	토마토 농가, 오이 농가 산채 농가, 표고버섯 농가	작목 특화 프로그램 기획 운영
축제운영위원회	수림영농조합·농우회	지역 내 행사 기획 및 개최
환경분과위원회	수림대 부녀회	마을 환경관리, 마을꽃길 조성
음식개발분과위원회	수림대 부녀회	마을식당 운영, 조리 방법 개발 반찬류 조리 판매
자문위원회	분야별 전문가, 지역개발 마케팅 GT사업단, 행정	주요 사업 자문 및 교육

이곳 수림대 마을의 특징이라면 마을 사람들은 자신이 참가하고 싶으면 각종 위원회에 신청해서 소득을 올리고 일당을 받아 간다는 것이다. 현재 마을에서 가장 활발하게 움직이고 있는 조직은 체험 활동을 진행하는 체험분과위원회. 이것 말고도 체험작목반·축제운영위원회·자문위원회 등이 있다.

현재 수림대 마을에 들어가고 싶어하는 사람들은 여럿 있지만 토지를 구입하기 힘들다는 것이 단점이다. 누구나 가서 보면 살고 싶고 머물고 싶은 그런 곳이기 때문이다.

마을 사람들은 체험관광을 해서 소득이 생기기 시작한 2005년 무렵부터 그로 인해 빚어질지 모르는 갈등과 불협화음을 없애기 위해 소득의 일정액을 적립, 운영위원회에서 공동관리하고 있다.

이를테면 개인이 마을에서 민박을 소개받을 경우 숙박비의 10%를 마을위원회에 기부한다. 서로 유기적인 공생을 하는 것이다. 이 마을에는 펜션이 잘 만들어져 있어 민박을 그다지 하지 않지만 펜션이 꽉 차면 가끔은 민박으로 손님을 보내기도 한다. 필자도 TV 드라마에 나올 만한 대궐 같은 집에서 값싸게 묵은 적이 있다. 마을 펜션은 부녀회에서 관리하고 있는데, 이들은 공동으로 청소하는 등 최소 비용으로 최대 효과를 내고 있다.

이곳에서의 체험 행사는 여러 가지가 있는데, 그중 백미는 송어잡기. 우리나라에 송어가 수입된 것은 1960년대 말인데, 평창의 송어원종장이 송어를 전국에 보급하는 역할을 했다. 그만큼 평창의 기후와 수온, 수질이 캐나다의 송어 서식지와 유사하다. 그래서인지 평창 송어는 다른 지역 송어보다 육질이 뛰어나고 고소하다.

송어잡기 체험은 어른 아이 할 것 없이 즐겁게 할 수 있는 프로그램이다. 한참을 하다 보면 송어가 사람을 희롱하는 것인지 사람이 송어를 잡는 것인지 모를 지경이 된다.

그런데 수림대 마을은 여름과 가을철 소득은 꽤 높은 편이지만 겨울철 소득은 형편이 없다는 문제가 있었다. 겨울이 긴 데다 비포장 도로라 평창의 영동고속도로권이 누리는 접근성의 혜택을 보지 못한 것이다. 여름철에 벌어들인 수입으로 겨울 내내 손님 없는 펜션을 관리하기란 정말 피눈물나는 일이 아닐 수 없다. 보일러라도 파손되면 배보다 배꼽이 더 크다.

때문에 겨울철 관광소득을 올리는 것이 절체절명의 과제였다. 필자는 이 마을에 팝콘 튀기기를 제안했고, 마을 주민들은 이를 받아들여 팝콘 튀기기의 새로운 역사가 탄생했다. 마을 사람들은 필자가 생각한 것보다 훨씬 창의적이어서 팝콘뿐만 아니라 검은콩·쌀·보리 등도 튀겼다. 이 팝콘튀기기 행사는 순식간에 언론을 통해 전파되어 몰려오는 손님들 덕에 겨울철 소득이 불어나기 시작했다.

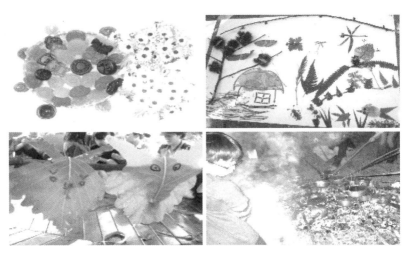

다양한 상상력을 동원해야 하는 체험과 만들기 놀이. 오른쪽 아래 그림이 팝콘튀기기 장면이다.

위 그림은 마을에서 다양한 상상력을 동원해야 하는 체험과 만들기 놀이 장면이다. 오른쪽 아래 그림이 팝콘 튀기기로, 겨울 추위도 잊고 몰입할 수 있는 프로그램이다.

귀농·귀촌자들은 농업보다는 농업 주변에 신경 쓰는 것이 마을과 귀농인 모두에게 이익이 된다고 본다. 귀농·귀촌자들이 잘하는 것은 무엇일까. 그들이 잘하는 것을 찾아내는 것이 공공의 역할이다. 수림대 마을의 경우 당시 군청의 농촌관광 담당 이상명 계장이 그 역할을 자청해 매주 마을에 와 자면서 밤새 이야기하고 설득하는 작업을 했다. 이장이 설득당하고 지도자가 설득당하고 부녀회장이 설득당하고, 결국 주민들이 움직이게 됐다. 공무원이 어떻게 해야 마을이 변화하고 발전하는지를 수림대 마을은 잘 보여준다.

이 마을의 어메니티나 환경은 유럽의 명승지 부럽지 않다. 금당계곡이 워낙 빼어난 이유도 있겠지만 근 20여 년 마을 경관을 가꾸고 지켜 나갔기

은퇴하면 뭐 먹고 살래

때문일 것이다. 앞에서 말했듯이 마을 주민들은 새농어촌건설운동 이후로도 마을의 장기인 경관가꾸기를 계속해서 마을 입구부터 체험장까지 1000미터에 이르는 길가에 붉은 단풍나무를 심었다. 가을이 되면 푸른색과 붉은색의 조화로 거리는 수만가지 색으로 사람을 유혹한다. 10월 어느 날 아침 마을을 온통 휘감은 물안개와 맑은 햇살은 평생 잊을 수 없는 추억으로 남을 것이다.

이곳 마을 사람들은 날을 정해 놓고 함께 환경정비를 한다. 꽃도 심고 쓰레기도 치우고 산야초 엑기스도 담근다. 지난 2007년부터는 메밀을 심어 여름철엔 소금 같은 메밀꽃을 볼 수도 있다. 그 광경이 너무 아름다워 애어른 할 것 없이 사진찍기 삼매경에 빠져들게 한다.

수림대 마을은 소득배가운동을 해서 소득도 초과달성했다. 귀농·귀촌자들도 이 대열에 합류했다. 이곳은 마을 사람들이 하나 되어 소득을 올리는 단결형 마을로 귀농·귀촌 희망자들이라면 한 번은 견학을 꼭 가봄직한 마을이다.

용어 해설

은퇴 후 생존기간

평균수명에서 공식 은퇴 연령을 뺀 값이다. 직장에서 은퇴한 후 얼마나 오래 살아야 하는가를 나타낸다. OECD의 '헬스 데이터 2009'를 기준으로 산출했다. 영국은 2005년, 다른 국가는 2006년이 기준 연도다.

고령화 속도

유엔은 전체 인구 중 65세 이상 인구의 비중이 14% 이상 20% 미만인 사회를 고령사회, 20% 이상인 사회를 초고령사회라고 정의한다. 고령사회에서 초고령사회로 진입하는 기간을 고령화 속도로 산출했다. 65세 이상 인구의 비중 추계는 통계청과 OECD 통계를 활용해 산출했다.

연금소득 대체율

국민·퇴직·개인 연금을 합한 은퇴 후 월평균 연금소득을 은퇴 전 3년간의 월평균 소득으로 나눈 값이다. 모두 현재 가치로 환산한다. 연금 체계가 지급하는 은퇴 후 소득이 은퇴 전 소득을 얼마나 효과적으로 대체하는가를 나타내는 지표다. OECD의 '2009 한눈에 보는 연금 비교' 자료를 참고해 산출했다.

저소득층 비율

가구 소득을 최상위층부터 최하위층까지 나열한 후 하위 20%를 저소득층으로 정의했다.

실제 은퇴 연령과 공식 은퇴 연령

실제 은퇴 연령(effective age of retirement)은 직장에서 퇴직하는 연령을 뜻한다. 노동인구에 속하지 않는 고령인구 비중의 시간에 따른 변동을 통해 추계할 수 있다. 공식 은퇴 연령(official retirement age)은 각종 연금을 받기 시작하는 나이다. 이 차이가 5년이란 뜻은 연금을 받기 시작한 후 5년을 더 일해야 한다는 뜻이다.

참고문헌

1부

통계청 보도자료, 〈2007년 생명표〉, 2008.12.

박상철, '한국인의 장수(長壽)' 강연, 광주 노인건강타운, 2009.10.13.

국민연금연구원, 「우리나라 중고령자의 경제생활 및 노후 준비 실태」, 2007.8.

한국노인문제연구소, 「고령화 사회와 노인 여가활동」, 2003.

〈서울경제신문〉, "근로자 은퇴 후 年소득 퇴직 직전 41%에 불과", 2008.7.1.

〈매일경제신문〉, "베이비부머 은퇴 쇼크 시작됐다", 2010. 2.2~3.

〈경향신문〉, "노인 516만의 양극화 '황혼 설움' 껴안아야", 2007.9.15.

OECD 경제검토위원회, 『한국경제보고서(OECD Economic Surveys : KOREA)』,
    2004.6.

현용수, 『자녀의 효도교육 이렇게 시켜라 1』, 쉐마, 2010.

질병관리본부, 「응급실 손상 환자 표본심층조사」 보고서, 2009.

〈매일경제신문〉, "노인 자살 시도 35%가 질병 때문", 2009.10.23.

은퇴하면 뭐 먹고 살래

한국보건사회연구원, 「한국인의 사망 수준」 보고서, 2010.1.11.

〈한국일보〉, "노인 71% '노후대비 안 해'", 2005.2.18.

KBS 1TV 〈시사기획 쌈〉, '자살', 2008.11.24.

〈서울신문〉, "자살로 비춰 본 우리 사회 자화상", 2009.11.24.

2부

통계청 보도자료, 〈 '고령화사회'에 돌입〉, 2000.7.

통계청, 「장래 인구 추계」, 2006.

경제협력개발기구(OECD), 「한눈에 보는 연금 2009」 보고서, 2010.1.

연합뉴스, "청주서 미라 상태 80대女 시신 발견", 2009.5.26.

연합뉴스, "복지 사각지대의 독거노인 대책 시급", 2009.6.3.

연합뉴스, "부모 부양 '나 몰라라' …방치되는 노인들", 2009.6.18.

보건복지부 보도자료, 〈저출산·고령사회 기본계획(새로마지플랜 2010)〉,

2006.7.14.

〈한국노년시대신문〉, "[금요칼럼] 고령화사회 진입 후 10년", 2009.11.13.

통계청 보도자료, 〈2008~2009년 사회조사를 통해 본 베이비붐 세대의 특징〉, 2010.4.12.

한국은행 금융경제연구원, 「중·고령자의 은퇴 결정 요인 분석」, 2009.10.

보건복지부·한국노인인력개발원, 「2009년 노인 일자리사업 종합안내」, 2009.

현대경제연구원, 『베이비붐 세대의 은퇴와 정책적 대응방안』 09-25(통권 407호), 2009.7.

삼성경제연구소, 「실업위기의 뇌관, 중고령자 고용불안 대책」, 2009.5.

송양민, 『밥·돈·자유』, 21세기북스, 2010.

〈매일경제신문〉, "풍요 과실 맛본 낀세대…초라한 사오정 신세로", 2008.2.16.

〈매일경제신문〉, "베이비부머 은퇴 쇼크…나라별 대응 방식 제각각", 2010.2.2.

통계청, 「장래 인구 추계」, 경제활동조사, 2009.

기획재정부, 2009년 국세 세입예산(안) 및 중기 국세 수입 전망.

일본 후생노동성, 『헤세이 21년판 고령사회 백서』, 2009.

연합뉴스, "2050년 한국 노령인구 부양비율 세계 최고 수준", 2004.10.27.

복지뉴스, "고령화사회 넘어 '초고령사회' 진입 초읽기 2026년에 고령인구 비율 20% 넘어", 2010.9.30.

http://www.komericanjournal.com/retirement013.htm ; 노후생활을 건강하고 여유 있게

한국가정생활개선진흥회, '여성들의 노후설계 : 멋진 노후, 당당한 내 인생', 2004.

한국가정생활개선진흥회, '아름다운 실버', 2005.

은퇴하면 뭐 먹고 살래

연합뉴스, "시골 생활비 한 달에 얼마 드나", 2007.5.24.

3부

〈한경Business〉 523호, '인구감소 대쇼크, 대한민국이 시들고 있다', 2005.12.12.
산업연구원 서동혁·이경숙·주대영·김종기, 『융합시대의 IT산업 발전 비전과
　　전략』, 2008.
다니엘 핑크, 『프리 에이전트의 시대가 오고 있다』, 한국경제신문사, 2001.
〈재경일보〉, 〔KERI 칼럼〕'임금피크제, 연공급 임금체계 고착화 우려', 2009.2.19.
임종률, 『노동법』, 박영사, 2005.
연합뉴스, "고용보험 지출 6조 7천억…32.5% 급증", 2010.6.25.
뉴시스, "중소기업 70.9% '퇴직연령 채우고 퇴사하는 직원 10% 미만'", 2008.3.21.
경북인터넷방송, "또 10년을 이어간다! 안동간고등어 창사 10주년", 2010.2.22.
뉴스와이어, "투잡족, 직장인 5명 중 1명 꼴", 2010.2.17.
노동부, 『1인 창조기업 지원사업 매뉴얼』, 2009.
미치 앤서니 지음, 이주형 옮김, 『마침표 없는 인생』, 청년정신, 2007.
홍숙자, 『노년학개론』, 하우, 2001.

4부

〈한국일보〉, "〔트리플 Happy Life〕'은퇴 후 30년 계획표' 짜보셨습니까?",
　　2007.1.1,
김동선, 『막막함을 날려버리는 은퇴 후 희망설계 3·3·3』, 나무생각, 2009.
http://www.komericanjournal.com/ ; 은퇴 후 귀농

『녹색평론』 57호(2001, 3-4), 힐러리에게 암소.

마리아 미즈/베로니카 벤홀트-톰센, "세계화 경제를 넘어 '자급'의 삶으로", 1997.

유상오, 『3천만 원으로 은퇴 후 40년 사는 법』, 나무와숲, 2009.

홍쌍리, 『밥상이 약상이라 했제』, 청년사, 2008.

〈머니투데이〉, "한국인 기대수명 79.4세 '세계 22위'", 2009.11.12.

http://www.komericanjournal.com/retirement_planning.htm ; 은퇴 새 삶의 시작.

5부

홍숙자, 『노년학개론』, 하우, 2001.

〈요미우리신문〉, '일본 경제 파산 시나리오', 2010.4.27.

〈경향신문〉, 〔주거의 사회학〕 "도시만이 희망은 아니었는데… 너무 늦게 깨달았어",
    2010.5.7.

mybox.happycampus.com/lawpresident/2555079 ; 라이프스타일과 주거문화의
    변화

김지현·곽경숙, 「대학생의 라이프스타일과 주거만족도, 미래 주거환경 선호도에
    관한 연구」, 『한국생활과학회』(제16권 3호), 2007.

http://www.komericanjournal.com/retirement_planning.000.htm ; 은퇴하는 이들
    에게

연합뉴스, "남편 집에 있으면 두드러기 나는 日 아내들", 2007.3.12.

http://blog.naver.com/jc21th?Redirect=Log&logNo=80115860238 ; 미국 노인들의
    생활

통계청 보도자료, 〈2008 고령자 통계〉, 2008.10.1.

뉴시스, "아파트 시가총액 1700조 원 돌파…", 2009.7.13.

〈파이낸셜뉴스〉, 〔제9회 fn하우징 파워브랜드 大賞〕 '돌 하나하나에 행복을 쌓다', 2009.9.29.

〈아시아경제〉, "〔2o2o코리아〕 고령화·저출산 오피스텔 '전성시대'", 2010.6.16.

〈내일신문〉, '성남 고령친화종합체험관을 가다', 2010.2.22.

유상오, 원병희 성남고령친화센터 사무국장 인터뷰, 2010.10.21.

http://blog.naver.com/yoigee?Redirect=Log&logNo=30095469720 ; 조선일보 요약 (9.24~10.14)

〈노컷뉴스〉, "부모 부양 장남 책임은 '옛말'", 2010.5.18.

〈노년시대신문〉, " '나홀로 가구' 급증… 더해지는 '孤獨苦'", 2010.5.18.

〈서울경제신문〉, "노인들 '편히 쉴 곳'이 없다", 2005.5.6.

〈세계일보〉, " '노년을 즐겨라' …실버타운이 뜬다", 2009.4.8.

보건복지부, 〈2007년 노인보건복지사업 지침〉, 2007.

6부

〈한국경제신문〉, "한 달 만에 미국 투자이민(EB-5)으로 영주권 받은 사연은…", 2010.5.31.

연합뉴스, "농민들 등치고 달아난 '귀농인' …마을 민심 흉흉", 2010.3.26.

〈위클리경향〉, "〔특집〕우수 광역자치단체, 서울·부산·충남·전북", 2008.7.10.

뉴시스, "전북도민 10대 아젠다 선정 과정 및 내용 살펴보니…", 2010.1.26.

한국매니페스토실천본부 보도자료, 〈자치와 민주주의를 향한 모든 노력에 박수를〉, 2010.6.

데일리안뉴스, '농협 제자리찾기 국민운동의 방향과 과제', 2007.12.7.

통계청 보도자료, 〈2009 농업 및 어업 조사 결과〉, 2010.3.10.

〈농어민신문〉, '지난해 말 농가인구 고령화율 34.2%', 2010.3.10.

프레시안·농업정책학회, 대선 '농정 공약' 정책 토론회, 2007.11.12.

〈내일신문〉, '농가부채 다시 늘고 있다', 2010.9.29.

뉴시스, '단양 3만 명 붕괴 초읽기…대책 부심', 2010.7.29.

〈서울신문〉, "농촌 지역 지자체들 '인구 늘리기' 비상", 2010.8.3.

농업인재개발원(www.agriedu.net)

〈경향신문〉, "상주로 귀농하세요", 서울서 첫 설명회, 2009.10.13.

필립 코틀러 지음, 구동모 외 1인 옮김, 『장소마케팅(Marketing Places)』, 삼영사,
　　1997.

〈매일경제신문〉, '은퇴 후 돈 절약하는 7가지 방법', 2009.12.4.

〈한국농업경영신문〉, '전문가가 본 노후 농촌생활의 가치', 2006.4.17.

〈여성농업인신문〉, '미국 지방정부들의 은퇴 인구 농촌 유인 노력들(1~7)', 농진청
　　윤순덕 박사 기획칼럼, 2008.6.11~9.24.

박재간, 『고령화사회의 위기와 도전』, 나남, 1995.

〈한국경제신문〉, "[BETTER LIFE] 시니어 소비혁명 (4) 은퇴자천국, 美 선시티",
　　2007.6.27.

〈강원일보〉, "[강원도 인구 리포트] ⑥ 남아 있는 사람들의 고민", 2007.11.7.

〈강원일보〉, "〈해법을 찾는다〉 (13) 고성군 경제살리기 정책 및 인구유입 방안",
　　2008.11.3.

〈대전일보〉, '논산 건강지원센터 아카데미 수료식', 2009.7.17.

〈이코노믹리뷰〉, ‘Special Report 글로벌 기업을 바꾼 코리안’, 2007.5.3.

〈노컷뉴스〉, “내 집 마련까지 5번 이사⋯평균 8년 걸려”, 2010.3.7.

http://blog.naver.com/chocomoon88?Redirect=Log&logNo=150046378073 ; 종족을 알면 마케팅이 쉽다

〈신아일보〉, “안동시, 농촌환경정비사업 ‘우수’ ”, 2009.3.5.

정선군청(http://www.jeongseon.go.kr/)

유상오 외, 『그린투어의 이론과 실제』, 백산출판사, 2002.

〈경향신문〉, “김주영 고향 청송에 ‘객주 문화관’ ⋯지자체 앞장”, 2006.12.6.

7부

〈서울신문〉, 〔HAPPY KOREA〕 “이렇게 추진합시다” 특별좌담, 2007.2.5.

행정자치부·연세대 도시문제연구소, ‘살기 좋은 지역’ 및 ‘살기 좋은 지역 만들기’ 개념정립 연구용역 보고서, 2007.

이중환 지음, 이익성 옮김, 『택리지』 (개정), 을유문화사, 2002.

로마클럽 제1차 보고서, 『성장의 한계』, 1972.

하인리히 뵐 재단(2002) 한국어판 2003년 11월 (녹색평론·‘21세기를 위한 사상강좌’ 운영위원회 허남혁 외 5인 역), 요하네스버그 비망록(한 연약한 행성에서의 공평성) ; 지속가능한 개발에 관한 세계정상회의를 위한 비망록.

이인식, 『21세기 키워드』, 김영사, 2002.

리우+10 한국민간위원회, 「지속가능한 사회 평가와 과제」.

대통령 자문 지속가능발전위원회(2005), 「유엔 지속가능발전 교육 10년을 위한 국가 추진 전략 개발 연구」, 2002.

법정, 『무소유』, 범우사, 1999.

농림부 · 농업인재개발원, 『귀농귀촌 희망을 노래하다』, 농림수산식품부, 2009.

(주)그린투어컨설팅, 『2010 귀농귀촌교육 실습형 과정 자료집』, 그린투어컨설팅, 2010.

〈한겨레21〉, '배추 기른 사람이 배추 팔아요', 2009.5.1.

쿠키뉴스, "한우 쇠고기 '감귤시대' … '참맛 귤 한우' 브랜드 개발", 2006.1.13.

http://kkk36963.blog.me/50076017338 ; 제주도 감귤박 사료 등 부존자원 활용안에 대한 소고.

〈서울신문〉, 〔HAPPY KOREA〕 주민 '마을 정체성 세우기' 한마음, 2008.7.28.

〈연합뉴스〉, "순창군, 건강 · 장수과학 사업 '탄력'", 2008.12.19.

순창군청(http://www.sunchang.go.kr/)

녹색연합, 「생태마을 지침서」, 1998.

http://greenhomekorea.org/10077754063 ; 에너지제로하우스

〈한국경제신문〉, "기획 '그린 · 스마트 주거 혁명'", 2010.10.11.

〈한국경제신문〉, "과천에 '그린홈 제로하우스'", 2009. 7. 10.

에너지관리공단(http://www.kemco.or.kr/)

http://blog.naver.com/jcd0905?Redirect=Log&logNo=20094588685 ; 태양광 주택 10만호 보급사업.

전국귀농운동본부, 『귀농 길잡이』, 소나무, 2006.

농진청, 『표준영농교본 관상화목류 재배 I / II』, 농촌진흥청, 2004.

농진청, 『표준영농교본 재래닭기르기』, 농촌진흥청, 2001.

농진청, 『표준영농교본 낙농』, 농촌진흥청, 2003.

은퇴하면 뭐 먹고 살래

〈연합뉴스〉, "〔연합초대석〕홍성군 문당리 환경농업마을 주형로 회장", 2008.6.20.
〈경인일보〉, '위기의 강화쌀, 우리 밥상으로' (안효민 강화도환경농업농민회 집행
    위원장), 2010.8.19.

8부

강원도 화천 동촌리 (http://www.e-dongchon.com)
유상오 · 전성군, 『그린세담』, 이담북스, 2009.
〈경향신문〉, "〔그린투어리즘〕3. 산속 호수마을 화천 동촌리", 2004.6.22.
〈경향신문〉, "제5회 농촌마을 가꾸기 경진대회 11곳 선정", 2006.12.11.
〈경향신문〉, "〔그린투어리즘〕4. 전남 강진군 월남리", 2004.7.16.
〈연합뉴스〉, "전남 강진 송월권역 최우수 농촌개발사업", 2008.11.24,
박원순, 『마을에서 희망을 만나다』, 검둥소, 2009.
임영신 · 이혜영, 『희망을 여행하라』(공정여행 가이드북), 소나무, 2009.
〈강원도민일보〉, "〔지방자치시대 강원의 미래〕1. 이제는 변화가 필요하다",
    2010.10.13.
(주)그린투어컨설팅, 경주 다봉마을 농촌 전통테마마을 기본계획, 2010.5.
〈경향신문〉, "〔그린 어메니티〕(17) 평창 수림대 마을", 2005.6.15.

은퇴하면 뭐 먹고 살래

초판 1쇄 찍은날 2011년 2월 18일
초판 1쇄 펴낸날 2011년 2월 22일

지은이 유상오
펴낸이 최윤정
펴낸곳 도서출판 나무와숲

등 록 22-1277
주 소 서울특별시 송파구 방이동 22 대우유토피아 1304호
전 화 02)3474-1114
팩 스 02)3474-1113
e-mail : namuwasup@namuwasup.com

값 13,000원
ISBN 978-89-93632-16-3 03300

* 잘못 만들어진 책은 구입하신 서점에서 바꿔 드립니다.